이 책이 작은 위로가 되길 바랍니다.

저자 서 미 애

두 개의 지팡이

두 개의 지팡이

서미애 수필집

나무향

나의 글쓰기는 '여성시대'라는 라디오 프로그램에서 시작되었다.
라디오를 들으며 일하던 시절,
어린아이들이 주는 감동의 이야기를 글로 써 보내자 종종 전파를 탔다.
내게도 글 쓰는 재주가 있었던가.
글을 제대로 배워보고픈 마음에 정목일 선생님의 수필반 문을 두드린 것이
어느덧 작가의 길로 인도하였다.

책 한 권 엮어내는 데 20년이 걸렸다.
오래 묵힌 글이 시간적인 혼돈으로 고개를 갸웃거리게 할지 모르겠다.
그래서 글마다 작품 연도를 기록했다.
사실 이 한 권에 나의 인생이 모두 담긴 셈이다.
아이들을 키울 때부터 느닷없는 병마로 투병하는 지금까지
굴곡진 삶이 파노라마처럼 펼쳐진다.
내가 또 언제 책을 낼 수 있을까 싶어
방송에 소개된 글과 편지로 엮을 글도 뒤편에 함께 싣는다.
수필은 나의 삶, 나의 인생이 아니던가.

가장 애정이 가는 글은 나를 작가로 인도하는 계기가 된 방송 글이다.
아이들이 준 감동은 늘 가슴을 저리게 한다.
어려운 가운데서도 밝게 자라 제 살림을 잘 꾸리고 있는 두 딸이 고맙다.
부족한 아내를 믿고 한평생 묵묵히 뒷수발을 해준 남편에게도
깊은 애정과 고마움을 전한다.
이 책을 내기까지 물심양면으로 도와준 글벗 최성록님과
나를 아껴주고 응원해 주는 모든 분께 깊이 감사드린다.

"서미애 씨의 글은, 이제 자신의 가족만이 아니라, 같은 장애를 겪고 있
는 분들에게, 아니 이 세상 모든 분에게도 든든한 '지팡이'가 되어 주
리라 믿는다."
장애인문학상 심사평에서 손광성 선생님은 이렇게 말씀하셨다.
내 글이 과연 그 역할을 할 수 있을까?
어느 한 사람의 마음이라도 따뜻하게 데울 수 있기를 바라며
이 책을 세상으로 내보낸다.

2025년 가을에
서미애

삶을 꿰어 문장으로 피워낸 존재의 기록

정목일(선수필 발행인, 전 문인협회 부이사장)

서미애의 수필집 『두 개의 지팡이』는 장애를 안고 살아가는 자신의 일상을 정직하게 마주하며, 그 안에서 피어나는 사랑과 희망, 그리고 윤리를 섬세하게 꿰어낸다. 감정의 고백을 넘어, 인간 존재의 존엄과 공동체의 윤리를 탐색하는 문학적 여정을 담고 있다.

야쿠르트 아주머니가 스쿠터를 덮어준 장면에서는 낯선 이의 선의가 얼마나 따뜻한지를 보여주며, 폐지를 줍는 여인의 고단한 몸짓에서는 생존의 절박함과 인간적 연민이 교차한다. 지도 위에서 딸과 함께 걷는 상상은 물리적 거리를 초월한 정서적 연결을 그려내며, 초록 봉투에 담긴 딸의 마음은 기억과 사랑의 지속성을 상징한다. 또 유머와 애정, 윤리적 감수성이 녹아 있는 그녀의 글은 평범한 하루 속에서도 감동이 충분히 피어날 수 있음을 보여준다.

「두 개의 지팡이」에서 보여주듯, 작가는 자신의 장애를 숨기지 않는다. 오히려 그것을 삶의 일부로 받아들이며, 그 안에서 피어나는 긍정과 도전을 문장으로 승화시킨다. 지팡이라는 상징을 통해 실존적 고통과 의지를 드러내고, 가족과의 갈등과 사랑을 통해 세대 간의 윤리적 대화를 이끌어낸다. 그녀의 글은 피해의식이나 자기연민이 아닌, 존재의 당당함과 사랑의 윤리를 담고 있다. 수필은 타인의 행동을 통해 자신의 감정을 성찰하고, 그 감정을 다시 타인에게 건네는 문학임을 여실히 보여준다.

경북 청도에서 태어난 작가는 '선수필' 신인상을 통해 문단에 첫발을 내디뎠고, 장애인문학상 대상을 비롯해 지하철 에피소드 공모전, 한국방송통신대학교 문연 공모전, 중랑사이버신춘문예 등에서 우수한 성과를 거두며 문학적 역량을 입증했다. 서울문화재단 창작예술지원금 선정 역시 그녀의 문학이 개인의 기록을 넘어 사회적 공감과 예술적 가치를 지닌다는 점을 보여준다.

서미애의 수필은 이 시대의 '생활 문학'이자 '인간 문학'이다. 그녀는 삶을 외면하지 않고 정면으로 마주하며, 그 고통 속에서도 웃음과 희망을 놓치지 않는다. 인간 존재의 존엄을 되새기게 하는 거울이며, 일상 속에서 피어나는 문학의 가능성을 증명한다. 이 책을 읽고 나면, 삶을 조금 더 따뜻하게 바라보게 될 것이고 자신의 삶을 껴안을 수 있는 용기를 얻을 것이다.

| 차례 |

1부 / 꿈꾸는 가방

2부 / 두 개의 지팡이

3부 / 끝나지 않은 사랑

4부 / 은종나무 아래에서

1부

꿈꾸는 가방

우산을 쓰다

비가 내린다. 네온이 반짝이는 종로 네거리에서 보행자 신호를 기다린다. 비가 세차게 내리는 날, 우산을 쓰고 시내 거리에 서 있다는 것은 며칠 전만 해도 꿈꾸지 못한 일이다.

비는 오후 들어서 내리기 시작했다. 오랜 가뭄 끝에 내리는 단비다. '또르르 똑똑' 빗방울이 창문을 두드렸다. 자연스레 눈길이 창밖으로 향하고 비 오는 풍경을 무심히 바라보았다. 말갛게 세수한 동백은 더욱 요염한 자태를 뽐내고, 창문 앞 자목련도 단비가 반가운 기색이다. 여느 때 같으면 저녁 일정에 대한 걱정이 앞섰겠지만, 오늘은 비를 바라보는 마음이 평온하다.

비는 퇴근 시간이 되도록 그칠 기미가 없었다. 나는 일터에서 나와 자동차 핸들을 시내로 돌렸다. 와이퍼는 충실한 일꾼처럼 굵은 빗방울을 쓸어내리기에 바쁘고 사람들은 종종걸음을 친다. 내 차를 운전하며 비 내리는 모습을 태연히 바라볼 수 있다는 것이 감격스럽다. 이런 날은 꼼짝없이 집에 갇히는 신세가 아니었던가. 한쪽 다리가 불편한 탓에 한 손은 지팡이를 짚고 다른 한 손으로는 흔들리는 다리를 잡아야 하기에 우산 쓸 손이 없었기 때문이다. 그런데 나는 이 비를 뚫고 오면서도 차에서 내려 우산을 어떻게 쓸지 걱정하지 않는다.

내 다리에 무슨 일이 일어난 걸까. 갑자기 터미네이터라도 되었다는 건가. 그럴지도 모른다. 다리에 낯선 동행자가 생겼다. 힘없는 다리를 튼튼하게 지탱해주는 보조기가 바로 그것이다. 보조기는 발끝에서 허벅지까지 양옆으로 튼튼한 쇠가 받치고 있고, 앞쪽으론 단단한 보형물이 자리 잡았다. 뒤꿈치를 들어 올려 짧은 다리의 길이도 보완했다. 그것을 긴 장화 신듯이 끼우고 일어서면 마술처럼 힘이 생기는 것이다.

하지만 세상사가 그러하듯 하나를 얻으면 다른 하나를 잃는 법, 새로운 자세에 따른 허리 통증은 오롯이 감내해야 할 몫이다. 한쪽으로 기울던 허리를 바로 세웠으니 새로운 자세에 따른 근육이 생길 때까지 통증은 계속될 것이다. 뻣뻣한 걸음걸이에 익숙해지기까지도 많은 시간이 필요하다.

목적지 근처 주차장에 도착했다. 우산을 펼치고 차에서 내린다. 힘없는 다리를 짚으며 기우뚱하지 않고 똑바로 내려설 수 있다는 것이 신기했다. 우산을 쓰고 꼿꼿하게 걸을 수 있다는 것은 내 걸음에 대해 한 번도 갖지 못한 자신감을 불어넣어 주었다. 창문 너머로 바라보는 주차장 관리인의 시선이 부담스럽지 않은 것도 그 때문이다.

오늘은 학생회 스터디에 가는 날, 나는 뒤늦게 졸업한 방송대에서 후배들의 학습을 돕고 있다. 주차장에서 학습관까지는 백여 미터 떨어져 있고, 삼십 미터의 사거리 도로를 건너야 해서 보행자 신호를 기다리는 중이다.

우산을 쓰고 초록 신호를 기다리며 이렇게 마음 편했던 적이 있었던가. 예전 같으면 도로 저 건너편이 얼마나 아득했을까. 우산을 목에 끼운 채 다리를 짚으며 힘겹게 한발 한발 내딛는 내 모습이 그려진다. 지나는 차 안에서는 그런 나를 어떤 눈으로 바라볼까. 생각만 해도 뒤통수가 뜨겁고 얼굴이 화끈거린다. 등은 온통 식은땀으로 축축하리라. 넘어지지 않고 잘 건너면 다행이다. 순간적으로 털썩 주저앉는 횟수도 잦아, 온 신경을 다리에 쏟으며 걸어야 하지 않는가.

그나마 벌떡 일어설 수 있다면 무슨 걱정이랴. 늘어난 뱃살 탓에 맨바닥에서는 바로 일어설 수가 없다. 나는 한쪽 다리에 힘이 없어 바로 일어서지 못하고 엉덩이부터 먼저 들어 올린 후 상체를 따라 일으켜야 한다. 그런데 붙잡을 것 하나 없는 바닥에서는 도저히 엉덩이를 들어 올릴 방법이 없는 것이다. 빗물이 흥건한 도로에 주저앉아 일어서기 위해 안간힘을 쓰는 내 모습은 생각하고 싶지 않다.

보조기를 맞추게 된 것도 바로 그 때문이다. 가을에 있을 딸 결혼식을 앞두고 가장 큰 걱정이 바로 나의 행동이었다. 조금만 앉아 있어도 다리가 붓고 맥없이 기우뚱할 때는 대책이 없어 화촉을 밝히러 들어갈 자신이 없었다. 온 시선이 집중된 가운데 얼마나 긴장이 될 것인가. 가다가 풀썩 주저앉기라도 한다면 그 창피함을 감당할 자신이 없었다. 아마도 그대로 땅속으로 푹 꺼지고 싶은 마음이 간절할 것이다. 혼주로서 준비하고 살필 일도 많은데 특단의 대책이 필요했다.

휠체어 사용도 생각해 보았지만 그 또한 번거로운 일, 궁여지책으로 생각해낸 것이 보조기다. 앞으로 이 무거운 보조기와 한 몸이 되어야 한다. 로봇 같은 걸음걸이가 영 어색하지만 결혼식을 무사히 치르려면 이만한 불편쯤은 참고 견뎌야 한다. 일단 넘어질 염려는 덜지 않았는가.

건널목의 대각선처럼 여러 생각이 겹친다. 내가 두 다리에 힘이 들어가는 느낌을 처음 알았듯이 휘청거리는 다리를 끌며 넘어질까 불안에 떠는 마음을 겪어보지 않고는 짐작하기 어렵겠다. 힘들다고 말하면 괜한 투정 같고, 말을 안 하자니 내 처지를 너무 몰라주는 것 같아 서운했던 마음들. 특히 가족에 대해 두드러졌던 감정들이 부질없는 바람이었음을 깨닫게 된다. 삶은 결국 스스로 헤쳐 갈 몫이지 누구에게 기대거나 보상받으며 사는 것은 아니지 않던가.

파란불이 켜진다. 뚜벅뚜벅 길을 건넌다. '아! 우산을 쓰고 이렇게 당당하게 길을 건널 수 있다니….' 뜨거운 감정이 파도처럼 밀려온다. 빗소리가 이처럼 경쾌하게 들린 적이 있었던가. 빗물이 마치 우산 위에서 춤을 추듯 '통, 통, 통.' 리듬을 탄다. 남의 시선도 두려움도 걱정마저 잊은 저녁, 나는 우산을 쓰고 걷고 있다.

(2019. 서울문화재단 창작예술지원금 선정작)

귀여운 짝궁둥이

　종종 거짓말에 속을 때가 있다. 알고도 속고 모르고도 속는다는 말처럼 훤히 보이는 거짓말에 모른 척 슬쩍 넘어가기도 한다. 때로는 그 거짓말에 기분이 좋아 빙그레 웃음을 짓기도 한다.

　오늘 그런 일이 있었다. 뜨거운 햇볕이 내리쬐는 오후, 학교에서 30분을 걸어 귀가한 딸이 더위에 지친 듯 목욕탕으로 먼저 들어갔다. 때마침 요의를 느낀 나는 뒤따라 들어가 옆에서 바지를 내렸다. 세수하던 아이가 그런 나를 보고 예의 없는 엄마라고 타박했다. 그런데도 나는 너무나 태연했다. 딸이 가자미 같은 눈으로 흘겨보더니 갑자기 태도를 바꾸어 "아이! 우리 엄마 궁둥이 너무 귀여워."라며 내 엉덩이를 톡톡 건드렸다.

　엄마 궁둥이가 귀엽다니, 이게 무슨 소린가. 태어나서 처음 듣는 소리에 헛웃음이 났다. 아빠가 엄마의 토실토실한 궁둥이에 반해 결혼한 것 같다며 한술 더 뜨니 더욱 어이가 없었다.

내 엉덩이는 귀여움과는 거리가 멀다. 어릴 때 앓은 소아마비 탓에 한쪽 다리가 짧고 가늘다. 엉덩이마저 한쪽이 작아 한눈에도 짝짝이임을 알 수 있다. 정말 예쁘거나 귀여운 엉덩이라면 잘 익은 토마토처럼 탱글탱글한 엉덩이가 아닐까. 동그랗게 올라붙은 오동통한 엉덩이가 걸을 때마다 샐쭉샐쭉 흔들리는 모습이 얼마나 아름다운가. 그런 엉덩이를 살랑대며 걷는 여인들을 볼 때마다 부러운 적이 한두 번 아닌데, 딸아이는 엄마의 짝 궁둥이가 귀엽단다.

문득 달팽이처럼 나를 껍질 속에 감추려고 했던 유년 시절이 떠오른다. 내가 초등학교에 다니던 시절, 그때는 장애가 아이들에게 큰 놀림감이었다. 그 때문에 나는 누구에게도 선뜻 다가가지 못하고 쓸쓸한 학교생활을 했다. 그런 내게 5학년 때의 담임 선생님은 특별한 관심을 보여주셨다. 공부는 늘 상위권을 유지했지만, 장애라는 이유로 한 번도 뽑히지 못했던 군 대항의 여러 대회에도 주저 없이 나를 참가시켰다. 버스 타기가 불편하고 걷기도 힘든 나를 업고 수학여행도 가셨다. 선생님은 나를 편견 없는 눈으로 바라보며 장애가 결코 생활의 걸림돌이 될 수 없다는 것을 가르치셨다.

선생님은, 마치 팔다리가 없는 오토다케를 축구와 농구, 수영 등의 모든 체육 활동에 참여시킨 다카기 스승과 같았다. 그런 스승 밑에 자란 오토다케는 언제나 활달하고 씩씩했으며 모든 일에 자신감이 넘쳤다. 그의 자서전 『오체 불만족』을 읽으며 자신감 없이 살아온 내게 대한 아쉬움이 컸다.

어린 시절, 나는 집에 낯선 사람이 오면 그 앞을 지나칠 용기가 없었다. 소변이 마려워도 쪼그려 앉아 발뒤꿈치로 꾹꾹 밀어 넣었고, 절룩거리는 내 모습이 보기 싫어 상가 유리창도 쳐다보지 않았다. 결혼한 후에도 시댁에 애경사가 있으면 내가 가도 되는지 눈치부터 살폈다. 낯선 자리에 참석하는 것이 두려웠고, 집안에 해를 끼칠까 하는 생각이 앞선 것이다. 혹여 엄마의 장애 때문에 아이가 상처를 입을까, 입학식에 참석하는 것마저 망설일 정도였다.

고맙게도 두 딸은 엄마의 장애를 전혀 부끄럽게 여기지 않았다. 학부모 회의가 있는 날이면 꼭 와야 한다며 손가락을 꼭꼭 걸었고, 학교에서 만나면 "엄마" 하고 큰 소리로 부르며 조르르 달려와 안겼다. 친구들에게 우리 엄마라고 당당하게 소개하는 아이들로 말미암아 비로소 용기와 자신감이 조금씩 생겨났다. 자식이 나를 부끄럽게 여기지 않는데 더는 껍질 속에 웅크릴 이유가 없었다. 조금씩 세상을 향해 고개를 내밀었고 드디어 남들 앞에 설 수 있게 되었다. 나를 당당히 세상에 나올 수 있게 만든 사람은 바로 두 딸이다.

서양화가 모딜리아니는 눈동자가 없는 퀭한 눈과 가늘고 긴

목을 갸우뚱하게 그리는 특징을 가졌다. 그는 자신의 드로잉 작품에서도 얼굴 한쪽이 찌그러지거나 툭 튀어나오게 그려 놓았다. 아름다움이라는 것이 결코 섬세하고 정교하고 반듯한 균형에서만 느끼는 것이 아닌 제각각 바라보는 관점의 차이라는 것을 말해 주는 듯하다. 그것은 불균형에서 발견한 예술의 혼일지도 모른다. 엄마의 짝궁둥이가 귀엽다는 내 딸도 모딜리아니처럼 특별한 안목을 가진 것이 아닐까. 어쩌면 모딜리아니처럼 불균형에서 발굴해내는 미적 감각이 뛰어난 아이일지도 모르겠다.

"너 지금 엄마를 놀리는 거지?"

괜한 억지를 부려보는 나는 무엇을 더 확인하고 싶은 걸까. 엄마 때문에 독특한 눈을 가졌을지도 모를 딸 덕분에 균형 잃은 내 신체가 오늘은 아름다운 미술작품에 비교된다. 누구도 귀엽다고 인정하지 않을 내 짝궁둥이를 재탐구한 날, 나는 또 딸의 거짓말에 속아 넘어간다.

(2010.)

*오토다케: 팔다리가 없이 태어난 일본의 장애인

꿈꾸는 가방

"구경하세요. 행사 중인데 저렴할 때 하나 장만하세요."

백화점 가방 판매대 앞에 선 아가씨의 외침에 귀가 솔깃하다. 매대 위에는 갖가지 색상과 모양의 가방이 다투듯 눈길을 끈다. 슬며시 다가가 살펴보지만 언제나처럼 내게 적합한 크기와 모양은 찾지 못한다. 씁쓸한 마음으로 돌아서는데 아슴푸레한 기억 하나가 따라온다.

내가 초등학교에 입학할 때다. 엄마는 양손에 지팡이를 짚고 다니는 나를 위해 등에 메는 작은 가방을 사 오셨다. 대부분의 아이가 책보자기를 들고 다니던 때라 내 가방은 친구들에게 큰 부러움을 샀다. 특히 짝꿍은 내 빨간 가방에 더욱 관심을 보이며 수시로 구경시켜 달라고 했다. 그때마다 학용품이 하나씩 없어졌지만 달라는 소리는 하지 못했다. 그만큼 장애 때문에 주눅이 들어 있었다.

그즈음 짓궂은 남학생이 내 지팡이 하나를 부러뜨리고 말았다. 다시 만들어 주겠다던 아버지는 차일피일 미루셨고, 그때부터 나는 지팡이 하나로 걷게 되었다. 그 바람에 가방들 손이 생겨 3학년 때부터 손에 드는 가방으로 바뀌었다. 학년이 올라갈수록 무거워지는 가방은 힘에 부쳤다. 내 가방은 언니와 동생, 혹은 우리 집 구멍가게에 물건 사러 온 반 친구에게 들려 자주 학교에 가곤 했다.

5학년 되어 연희와 짝꿍이 되었다. 연희는 누가 시키지도 않았는데 내 가방을 도맡아 들어주었다. 등굣길에 우리 집에 와서 가방을 들고 갔고, 하굣길에는 가방을 먼저 집에 가져다 놓았다. 칠판에 적힌 아침 자습 문제를 쓰려고 찾으면 가방은 이미 떠나고 없었다. 우리 집이 학교 정문과 50미터 남짓한 거리여서 수업이 끝나면 내 가방부터 집에 가져다 놓는 것이었다.

그 일은 졸업 때까지 쭉 이어졌다. 연희는 중학교에 가서도 내 가방을 들어 주겠다고 말했다. 하지만 그 약속은 지키지 못했다. 연희 엄마가 갑자기 돌아가시는 바람에 젖먹이 동생을 돌보느라 중학교에 진학하지 못한 것이다. 나 또한 버스 통학이 어려워 중학교에 가지 못했다. 1시간에 한 대 있는 버스는 콩나물시루처럼 등교하는 학생들로 꽉 찼다. 내가 그 버스를 타고 다닌다는 것이 불가능한데 연희마저 없으니 더욱 어려워 실망이 컸다. 이듬해, 연희는 중학교에 가게 되었다며 같이 가자고 찾아왔다. 하지만 나는 결국 가지 못하고 언젠가는 그 꿈을 이룰 것이라는 열망을 품고 살았다.

얼마 전, 남편의 차를 타고 신설동 사거리를 지나오게 되었다. 그곳은 못다 한 공부의 꿈을 키우는 검정고시 학원이 있다. 신호대기를 하다가 우리 집 앞을 지나는 버스를 보았다.

"어! 저 버스가 여기까지 오네."

반가움에 큰 소리로 말했다.

"그걸 여태 몰랐어?"

남편이 의외라는 듯이 반문했지만, 버스를 타고 외출할 일이 별로 없는 내가 모르는 것이 당연했다.

"나, 저 버스 타고 학원 다닐까? 그런데…."

설렘도 잠시 이내 말끝이 흐려졌다. 아직은 학생인 두 딸의 뒷바라지가 더 우선이고, 무거운 가방에 대한 걱정도 떨치지 못했기 때문이다. 요즘은 학생 가방이 대부분 등에 메는 것이고, 몸의 부담도 최소화하도록 기능도 좋아졌다. '나도 그런 가방을 메면 학원에 다닐 수 있을까.' 잠시 생각에 잠겼지만, 그때 일이 두려움을 안고 떠오른다.

라디오의 어떤 프로그램 행사를 통해 1박 2일 여행을 가게 되었다. 잠잘 때 입을 옷과 여벌 옷 한 벌, 세면도구와 화장품, 밤기온에 대비한 겨울 점퍼까지 주섬주섬 담고 보니 가방이 묵직

했다. 과연, 이 가방을 메고 갈 수 있을지 고민했지만 절호의 기회를 놓치고 싶지 않았다. 전국에서 모인 800명이 친구가 되어 1박 2일을 즐겁게 보냈다. 그런데 돌아오는 길에 사달이 나고 말았다. 여의도에서 같이 내렸으면 친구들이 가방을 들어주었을 텐데, 버스 차고지가 우리 집 근처라 혼자 타고 와서 내리다가 가방의 무게를 이기지 못하고 그만 허리를 삐끗했다. 한 걸음도 떼지 못할 정도로 심한 통증이 밀려왔다. 결국, 한 달을 꼼짝없이 누워 지내야 했던 그 기억으로 가방에 대한 두려움을 쉽게 떨치지 못한다.

나는 버스를 타고내리거나 계단을 오르내릴 때 안전봉을 잡아야 해서 한 손을 비워두어야 한다. 버스카드를 찍거나 휴대전화를 받으려 해도 마찬가지라 간단하게 드는 손가방조차 번거로운 짐이 된다. 그러기에 옷차림에 어울리는 가방도 들 수 없다.

이렇듯 내 가방은 늘 무게와 불편함에 짓눌려 꿈만 꾸고 있기에 다른 방도의 꿈을 생각해 냈다. 바로 글쓰기였다. 초등학교 선생님으로부터 일기를 잘 쓴다는 칭찬을 받기도 하고 라디오 방송에 낸 글이 자주 전파를 타기도 했다. 비록, 한 번쯤 내 손으로 가방을 들고 다니고 싶었던 그 어린 날의 학교는 아니지만, 글은 무거운 가방을 들지 않아도 꿈을 펼 수 있을 듯했다.

백화점 문화센터에 조심스레 노크했다. 수첩과 필기구 몇 개를 담은 작은 가방을 어깨에 가로질러 메고 일주일에 한 번 수업을 받으러 간다. 그날은 뒤뚱거리는 걸음마저 가볍고 경쾌하게 느껴진다. 옆구리에 매달린 작은 가방을 본다.

'그래! 너의 이 조그마한 입에 내 꿈을 담으마. 지금까지는 너를 들고 거리를 당당히 활보하는 것이 꿈이었지만, 이제부터는 네 입에 무엇을 채워 넣을 것인가가 꿈이다. 목에 건 네 조그만 입에 영글고 진실한 문학의 글자들을 한 자 한 자 채워 넣으련다. 내 꿈이 이루어질 때까지 너, 나와 함께할 거지?'

속으로 가만히 말을 걸었다. 내용물이 다 들어가지 못해 입을 헤벌쭉 벌린 가방이 알았다고 배시시 웃는 듯하다. 그래! 내게 썩 어울리는 가방은 찾지 못해도 내 꿈을 담아줄 너만 있으면 된다. 돌아오는 발걸음이 다시 피아노 건반을 밟듯 가볍다.

(2008.)

목련에 전하는 말

집을 나서는데 화단에 핀 목련이 눈길을 사로잡는다. 어느새 봄이 코앞에 와 있었던가. 새삼 따스한 봄기운을 느끼며 시동을 건다. 목적지는 용인에 있는 딸의 집이다. 동천역을 막 지나는데 전화벨이 울린다. 발신자 이름을 보는 순간 '드디어 해냈구나'라는 생각이 먼저 떠오른다. 오늘따라 목련이 유독 시선을 끈 이유가 이거였을까. 반가운 마음에 이름을 크게 부르려다가 짐짓 차분한 목소리로 전화를 받는다.

"여보세요."

"안녕하세요? 저 Y예요. 기억하시겠어요?"

"그럼요. 기억하고 말고요. 잘 지냈어요?"

애써 담담한 목소리로 대답하며 이어질 말을 기다린다. 분명 내가 예상했던 그 소식이리라.

"저 공무원 합격하고 발령도 받았어요."

그럼 그렇지. 예상이 적중했다.

"어머! 축하해요. 역시 해 낼 줄 알았어요."

기쁨에 찬 내 목소리가 차 안을 쩌렁쩌렁 울린다.

"그때 저 많이 힘들었는데, 선생님의 말씀이 큰 힘이 되었어요. 정말 감사합니다."

아니다. 내가 더 고맙다. 성실한 자세로 마침내 꿈을 이루고 무심히 흘려버릴 수 있는 약속까지 지켜주지 않았는가. 청년은 합격하고 가장 먼저 생각난 사람이 나였다며 거듭 감사의 말을 전했다.

청년을 처음 만난 것은 4년 전이다. 나는 장애인 일자리에 선정되어 주민센터에 속한 작은 도서관에서 일하게 되었다. 청년은 사회복무요원으로 주민센터 1층의 민원실에서 일하며 가끔 2층 도서관으로 책을 빌리러 왔다. 처음엔 쭈볏쭈볏하더니 며칠이 지나자 본인에게 권해줄 책이 없느냐고 말을 걸었다. 소통할 누군가가 필요한 눈치였다.

나는 신영복의 『감옥으로부터의 사색』과 유시민의 『청춘의 독서』를 권했다. '감옥으로부터의 사색'은 신영복 교수가 20여 년간의 감옥생활에서 느낀 글로 감동을 주고, '청춘의 독서'는 유시민 작가가 젊었을 때 읽었던 고전을 다시 읽으며 새로운 시각으로 느낀 감정을 펼쳐놓은 책이다. 두 사람의 글에 담긴 철학이 청년에게 삶의 지혜를 안겨주면 좋을 것 같았다.

그 후, 청년은 도서관을 자주 찾았고 이런저런 대화를 나누게 되었다. 청년은 사회복지 공무원을 목표로 하며 앞서 사회복지사 공부를 하고 있었다. 마침, 나도 사회복지사 2급을 막 취득한 터라 자연스레 대화가 통했다. 실습에 대한 궁금증이 많은 청년에게 나의 경험과 실습보고서 작성에 대한 정보도 나누어 주었다.

청년은 어머니와 단둘이 살며, 주말에는 아르바이트까지 하고 있었다. 사회복무요원은 원칙적으로는 아르바이트가 제한되지만, 형편이 어려운 경우에는 예외가 적용되나 보았다. 종로의 어느 독서실에서 일하며 돈도 벌고 틈틈이 공부도 할 수 있어 좋다고 했다.

청년은 매달 60만 원을 어머니께 생활비로 드린다며 다소 꺼내놓기 어려운 집안 형편까지 털어놓았다. 주말만 하는 일의 보수가 얼마나 될 것이며 사회복무요원의 급여가 몇 푼 된다고 생활비까지 드릴 수 있는지 청년의 착한 심성과 성실함에 적잖게 놀랐다.

문득 나의 청소년 시절이 떠올랐다. 나도 결혼 전 직장생활로 번 돈을 거의 다 집으로 보냈다. 그러느라 늘 생활에 허덕이는 나를 보고 주위에서는 자갈밭에 돌 던지는 격이라며 안타까워했다. 하지만 당시는 그럴 수밖에 없었다. 그 덕분에 공부한 동생들이 잘살고 있으니 보람은 크지 않은가. 청년에게 나의 경험을 말해 주었더니 세대는 다르지만, 자신의 어려움을 공감해 주는 사람이 있다는 것에 안도하며 자꾸 이야기하고 싶은 눈치였다.

청년은 직장생활을 하느라 다소 늦은 나이인 이십 대 후반에 국방의 의무를 치르고 있었다. 그래서인지 공무원 공부가 늦지 않은지? 만약 공부가 뜻대로 되지 않아 시간을 허비한다면 다른 직장의 취업도 때를 놓칠까. 자신이 정한 방향에 대해 자꾸 고개를 갸웃했다.

나는 내 삶의 경험과 주위에서 들은 간접 경험을 동원해 용기를 주기 시작했다. 나 역시도 늦은 나이에 공부해서 후배들에게 학습에 대한 도움을 주고 있고 글을 써서 상도 여러 번 받았다고 했다. 이러한 것들이 모두 오십 대에 이루어진 것이라며 사십 대부터 글을 써서 유명한 작가가 된 박완서 소설가의 이야기도 곁들였다. 비록 공부의 성격은 다르지만, 하고자 하는 의지만 있으면 꿈은 이루어진다고 힘을 실어 주었다.

그 중 특히 목련 이야기에 많은 공감을 했다. 내가 수필에 관심을 두고 어느 문학 카페에 가입했을 때 느낀 이야기를 해 준 것이다. 당시 카페 회원 중 한 분이 여러 공모전에서 상을 받았다. 수필에 막 입문한 나는 무척 부러워하며 나도 저렇게 되고 싶다는 꿈을 키우게 되었다.

어느 날, 아파트 5층 복도에서 밖을 내려다보는데 막 피어나는 목련이 눈에 띄었다. 베란다 쪽 양지바른 곳에서는 이미 꽃이 다 졌는데 복도 쪽 응달에서는 이제 막 꽃봉오리가 열리는 것이 아닌가. '아, 저거구나. 꽃도 음양에 따라 시차를 두고 피는데 어쩌면 늦게 피는 저 목련이 내가 아닐까? 아니, 나였으면 좋겠다.'는 마음이 간절했었다.

그 후, 열심히 배우고 부지런히 글을 써 결국 늦게 핀 목련처럼 나도 문학의 꽃을 피우게 되었다. 조금 먼저 되고 늦게 될 뿐이지 노력하면 다 이룰 수 있다는 것을 그때 절실히 느꼈다며 자신을 믿고 최선을 다해보라고 했다. 청년은 고개를 크게 끄덕이며 마음을 새롭게 다지는 듯했다.

얼마 후 청년은 전역하게 되었다. 나는 전화번호를 교환하자고 했다. 내가 보기에 Y는 분명 뜻을 이룰 것 같은 강한 확신이 든다며 내 믿음을 실험해 보고 싶다고 했다. 뜻을 이루면 꼭 전화 달라고 했고 그렇게 하겠다고 약속한 후 도서관을 떠났다.

문득 생각이 나면 '전화해 볼까?' 하다가도 잘하고 있으리라는 믿음으로 기다리기로 했다. 그런데 드디어 전화가 온 것이다. 청년의 이름이 뜨자 역시 내 믿음이 옳았다는 생각에 전율이 일었다. 인생의 연륜이 쌓이다 보니 그 사람의 행동과 성품을 보고도 어느 정도 미래를 예측할 수 있는 눈이 생긴 것 같다. 각고의 노력으로 목표를 이룬 것도 장하지만 잊지 않고 소식을 전해준 것에서 다시 한번 청년의 착하고 바른 인성을 느낄 수 있었다.

청년은 그때의 내 말이 큰 힘이 되었다고 거듭 인사를 했다. 나름대로 용기를 주고자 했던 말을 꼰대의 어설픈 철학으로 치부하지 않고 자기 삶의 밑거름으로 삼았다니 얼마나 기특한가. 어렵다고 정평이 나 있는 공무원 시험을 이처럼 빠른 시간에 합격한 청년이 대견하다. 목련 이야기에 특히 공감하더니 때맞춰 꽃을 잘 피우지 않았는가.

딸이 사는 아파트에 도착하니 그곳 화단 앞에서는 목련이 더 환하게 웃고 있다. 활짝 핀 꽃을 청년인 양 올려본다. 모진 한파를 꿋꿋이 이겨낸 목련꽃처럼 혹독한 인생의 겨울을 잘 견뎌낸 청년이 가지 끝에 소담스러운 목련으로 피어있는 듯하다. 목련에 가만히 말을 걸어본다.

"목련, 힘겨운 시간 잘 견디며 탐스러운 꽃을 피우느라 수고했어."

(2021.)

믿음을 파는 두부장수

　우리 동네에는 별난 두부장수가 있다. 사십 대 초반으로 보이는 부부가 날마다 방울 소리를 울리며 거리를 돌고 있다.

　나는 저녁이면 아파트 옆 봉화산 자락에 있는 공원으로 산책을 나간다. 공원은 봄이면 산수유, 벚꽃, 조팝나무꽃 등이 옷섶을 풀고, 금계국, 패랭이, 쑥부쟁이 등의 꽃들이 가을까지 줄지어 맑은 제 마음을 연다. 둥그런 잔디밭은 시골 마당에 펼쳐진 멍석 같아 정겹고, 다양한 운동기구가 마련되어 있어 심신을 달래기에도 그만이다. 새소리, 바람 소리, 풀벌레 소리까지 싱그러움을 더해주니 이곳에 사는 나의 기쁨이 바로 여기에서 비롯된다고 해도 과언이 아니다.

　끔뻑거리는 가로등 아래서 한참 운동할 무렵이면 두부장수의 방울 소리가 들리곤 한다. 멀리서 들리다가 사라지기도 하고, 내가 사는 아파트 쪽에서 가깝게 들리기도 한다. 방울 소리는 마치 고향집 뒤에 자리한 교회의 종소리처럼 아련한 향수를 자아내기도 했다.

지난가을 어느 날, 산책을 마치고 오는데 멀리서 방울 소리가 들렸다. 바람결에 서걱대는 억새 숲을 지나 인공폭포가 있는 쪽으로 오는 사이 그 소리는 점점 가까워졌다. 아파트 후문이 보이는 곳에 이르자 두부장수의 차가 보였다. 0.5톤 트럭에 천막이 씌워져 있고 그 천막을 지탱한 버팀대 위에 워낭 같은 작은 종이 매달려 댕그랑거리고 있었다. 앞뒤로 왔다 갔다 저절로 움직이는 종은 마치 그네를 타는 천진한 아이 같기도 했다.

차 앞에는 자그마한 아주머니가 서성이며 손님을 기다리고 있었다. 통통한 몸매에 동그스름한 얼굴이 복스러워 보였다. 나는 어떤 물건이 있나 궁금하여 주춤주춤 차 앞으로 다가갔다.

"어서 오세요. 뭘 좀 드릴까요?" 아주머니가 반색했다. 나는 빈 주머니를 떠올리며 괜한 짓을 했다는 생각이 들었다.

"아니요. 운동 나오느라 돈을 안 갖고 왔는데, 어떤 물건이 있나 구경 좀 하려고요."

"그럼, 그냥 가져가시고 돈은 나중에 주세요."

참 별난 두부장수다. 요즘 세상에 처음 보는 사람을 어떻게 선뜻 믿을 수 있는지, 두부 한 모를 팔면 얼마나 남을까. 만약 그 값을 받지 못한다면 몇 모의 두부를 더 팔아야 손해를 만회할 수 있을지 이해하기 어려운 아주머니의 호의를 나중에 돈을 가져 와 사겠다고 사양했다.

"괜찮아요. 언제든 만나면 주세요. 우린 이렇게 사람을 믿고 장사해요. 내가 잊어버려도 가져간 사람이 다 기억하고 주거든요."

정해진 가게가 있다면 아무 때나 돈을 갖다주어도 되겠지만, 이처럼 떠도는 장수는 언제 또 만날지 모를 일이다. 괜스레 마음만 불편할 것 같아 슬그머니 발길을 돌렸다.

"잠깐만요" 아주머니가 어느새 두부 한 모를 봉지에 담아 내 손에 쥐여주었다. 한사코 쥐여준 두부를 받아 들고 잠시 머뭇거리자 "못 만나도 상관없어요. 맛있게만 드시면 돼요."라는 것이다. 그녀는 내가 어디에 사는지도 전혀 궁금하지 않은 듯했다.

"못 만나면 이자밖에 더 붙겠어요." 배달 다녀오던 남편까지 허허 웃으며 맞장구를 치니 부창부수夫唱婦隨가 따로 없었다.

장사를 하면 한 푼이라도 더 남기려고 애쓰는 것이 인지상정일 텐데, 원가마저 떼일지 모를 외상을 의심 없이 주는 부부는 퍽 남달랐다.

종종 야쿠르트나 우윳값을 갚지 않고 이사 가는 사람이 있는가 하면, 택시 운전하는 남편은 손님이 도망가는 바람에 요금을 받지 못할 때도 많다고 한다. 더욱이 남의 집 동 호수로 신문을 신청해 놓고 사은품만 챙겨가는 몰염치한 사람도 있지 않은가.

이렇듯 갈수록 속임수가 늘고 불신이 팽배해지는 사회인데, 두부처럼 따끈한 믿음이 존재한다는 것은 참으로 반가운 일이다. 마음이 훈훈해서일까. 둥실 뜬 보름달도 빙그레한 미소로 흐뭇하게 내려다보는 것 같았다.

두부장수를 다시 만난 것은 한 달이 지난 뒤였다. 집에서 하는 일이 바빠져 공원에 통 나가지 못했고, 또 더러는 기다려도 두부장수가 오지 않았다. 왠지 빚을 진 것 같아 마음이 편치 않았다. 조건 없이 믿어 준 마음만큼 신뢰는 꼭 지켜야 했다.

돈을 내밀자, 아주머니는 영문을 모르겠다는 듯 눈을 동그랗게 떴다. 그때 가져간 두부값이라고 하자 그제야 생각나는 듯 말했다.

"거봐요. 다 갚잖아요. 사람은 내가 믿어주면 절대 배신을 못 하는 것 같아요. 두부 장사를 하면서 배운 진리예요."

두부 장수의 믿음은 옳았다. 나도 그 때문에 두부장수가 올 시간을 기다리고 있었으니까. 상대를 무작정 믿어준다는 것은 그 사람의 마음에 양심의 종을 달아주는 것이 아닐까. 그래서 믿음을 저버리고픈 유혹이 조금이라도 움튼다면 땡그랑 땡그랑 자신의 마음속에서 종을 울려 주는 게 아닐까. 사람을 턱없이 믿고 사는 두부 장수는 우리가 진정 추구해야 할 참모습인지도 모른다.

어쩌면 이것이 그동안 잊고 지낸 우리 동네의 인심이 아닐까 싶기도 하다. 이곳은 서울 변두리로 아파트가 들어서기 전만 해도 시골 같은 마을이었다. 먹골배의 주산지였던 마을이 하얀 배꽃에 덮여 달빛에 젖는 밤이면 하늘의 별들도 모두 땅에 내려와 박힌 듯했다.

배꽃 수정을 할 때면 일손이 모자라 애 어른 할 것 없이 배밭으로 모여들었고, 주위의 채소밭에서도 서로 돕는 따스한 손길이 넘쳐났다. 그러한 동네가 우뚝 솟은 아파트 단지로 탈바꿈했지만, 그 인심은 아직도 배꽃 향기처럼 은은히 퍼지는 듯하다. 한 사람이 지닌 믿음의 향기가 멀리멀리 퍼져간다면 이 사회는 오월의 저 산처럼 더 맑고 푸르게 빛나지 않을까. 오늘도 두부장수는 어디선가 종소리를 울리며 믿음을 팔고 있을 것이다.

(2010. 중랑사이버 신춘문예 금상)

목걸이

구월의 따사로운 햇살을 받으며 딸과 함께 백화점에 들렀다. 액세서리 매장에는 별, 하트, 네잎클로버 등 모양도 다양한 목걸이들이 저마다 반짝이며 눈길을 끈다. 유리진열대 앞에 바짝 다가선 딸의 눈빛이 호기심으로 반짝인다. 나는 마음에 드는 목걸이를 고르라며 모처럼 인심을 쓴다. 딸은 대학 졸업을 한 학기 앞두고 먼저 취업이 되었다. 청년들이 졸업하고도 일자리를 찾느라 몇 해씩 애태우는 마당에 일찌감치 제 전공에 맞는 직장을 얻었으니 예쁜 목걸이 하나 선물하고 싶은 마음이다.

전시된 목걸이는 대체로 줄이 가늘고 길이는 빗장뼈에 닿을 만큼 단정하다. 딸은 마음에 드는 게 많은지 고민에 빠진다. 옆에서 이것저것 골라주던 나는 그중 하나를 내 목에도 슬쩍 갖다 대본다.

"우와! 잘 어울린다. 엄마도 하나 사."

딸이 오래된 나의 목걸이도 바꾸라고 부추긴다. 하지만 오랫동안 한결같이 내 목을 지켜준 이 목걸이에는 특별한 사랑이 담겨 있다.

스물몇 해 전 일이다. 어느 날 남편이 심한 고열에 시달리며 앓아누웠다. 좀체 아프지 않고 꾀병도 모르는 사람이 며칠이 지나도록 자리에서 일어나지 못했다. 놀랍게도 병은 폐결핵이었고 이미 한쪽 폐가 상당히 망가져 있었다. 온 집안은 깊은 시름에 잠겼다. 오십 갓 넘긴 시아버지를 같은 병으로 먼 길 보내신 어머니는 젊은 아들마저 잃을까 봐 장탄식을 쏟아내셨다.

남편은 의사 처방에 따라 일을 쉬고 곧바로 요양에 들어갔다. 가장이 덜컥 몸져누우니 먹고살 길이 막막했다. 있는 돈을 다 모아 이사한 지도 얼마 되지 않았고 둘째 딸이 막 태어난 때였다.

생활비로 전전긍긍하는 것을 눈치채셨는지 어머니가 무언가를 꽁꽁 싼 손수건을 내 손에 슬며시 쥐여주었다. 그 안에는 회갑 날 이모님들께 선물 받아 난생처음 지녀본 금목걸이와 반지가 들어 있었다. 어머니는 몹시 가난한 집에서 태어나 자랐고 시댁은 나물죽으로 연명할 만큼 더 궁색했다. 쪼들린 살림에 다섯 자녀를 낳아 키우느라 허리 한 번 펼 사이도 없었다. 육십 평생을 그 흔한 구리반지 하나도 끼지 못했는데, 선물로 겨우 손에 한 번 쥐어본 패물을 살림에 보태라고 내준 것이다.

나는 돈을 벌기로 했다. 문득 예전에 배워둔 니트 옷 만드는 기술이 생각났다. 마침 그런 일을 하는 공장이 집 근처에 있었다. 그렇게 몇 해 동안 나는 힘든 살림을 꾸려갔다. 그사이 치료를 잘 받은 남편은 다시 일할 수 있을 만큼 몸이 좋아졌다.

"어머니, 이거 받으세요. 제가 잠시 보관만 했었어요."

생활이 안정될 무렵, 고이 넣어 두었던 어머니의 패물을 돌려드렸다. 어머니는 귀한 물건을 차마 팔 수 없었다는 나의 말에 몹시 놀란 듯 눈이 동그래졌다.

그로부터 두어 달이 지난 어느 날, 퇴근해서 집에 돌아오니 서랍 위에 작은 분홍상자가 놓여 있었다. 그 안에는 빨간 산호 메달이 달린 금목걸이가 들어 있었다. 어머님이 당신의 패물 대신 나의 예물을 팔아 썼다는 것을 눈치채고는 목걸이를 사 오신 것이었다. 몸도 불편한 며느리가 몸져누운 남편을 돌보고, 돈벌이에 나서며 집안을 이끄는 모습을 보고 비로소 마음의 빗장이 열린 것일까.

택시 운전을 하는 남편이 벌어온 돈을 이불 속에 넣어둔 것을 보고 마치 내가 남편 몰래 감춰두고 쓰는 양 오해하고, 몇 푼 드리지 못하는 용돈을 자꾸 아이들에게 쓰는 것이 미안해 어머니 필요한 데 쓰시라고 했던 나의 말을 당신이 내 남편에게 따로 용돈을 받는지 떠보는 것으로 곡해도 했던 어머니가 아닌가. 언 눈이 녹아 흐르는 계곡물처럼 어머니와 나 사이에도 비로소 이해와 소통의 물줄기가 졸졸 소리를 내는 듯했다.

어머님은 더 비싸고 좋은 것을 사주지 못해 미안하다고 했지만, 그 값은 삼형제가 매달 드리는 용돈의 두 달 치도 넘을 듯해 보였다. 그 돈을 모으기 위해 당신은 야쿠르트 하나도 못 사 드시고 침으로 대신 삼켰을 것이 아닌가. 목걸이는 끝과 끝이 닿을 수 없는 삐죽한 줄이 고리 하나로 만나 둥근 모양이 되었다.

목걸이의 줄을 가만히 들여다본다. 작은 고리들이 서로의 몸을 연결하고 있다. 손을 맞잡고 빙글빙글 돌아가는 전통놀이인 강강술래도 목걸이처럼 둥근 모습이다. 아이가 어렸을 때 유치원에서 만들어 온 색종이 목걸이 또한 작은 고리들이 서로 깍지를 끼고 있었다. 형형색색의 색종이 고리는 사람의 마음과 품성이 이처럼 제각각이라는 것을 보여주고 그러한 삶이 더불어 사는 거라고 얘기해 주는 것 같았다.

가끔 야속한 마음이 들 때도 있었지만 목걸이를 만지작거리며 달래기도 했었다. 스무 해 넘게 한시도 내 목을 떠난 적 없는 이 목걸이 때문일까. 어느덧 어머니와 나 사이도 단단한 고리로 연결되어 서로의 마음을 둥글게 모아주었다.

나는 사회에 첫발을 딛는 딸에게 목걸이를 걸어주며 이처럼 둥근 마음으로 잘 적응하기를 바랐다. 목걸이 속에는 딸이 세상을 둥글둥글 슬기롭게 헤쳐가기를 바라는 내 간절한 염원이 담겨있기도 했다. 상사와 동료 간에 어떤 갈등을 빚더라도 제 방향만 고집하지 않기를 당부한다. 이러저러한 인연들이 엮이어 사는 우리네 삶도 결국 목걸이처럼, 삐죽한 나를 버리고 상대를 둥글게 받아들이는 연습이 아닐까. 둥근 마음은 부딪혀도 상처가 잘 나지 않는 것을 딸도 머지않아 알게 되겠지.

번쩍거리는 목걸이가 딸의 하얀 목둘레에서 빛나고 있다. 사회 초년생의 웅대한 꿈이 오롯이 담긴 듯하다. 딸의 입가에 번지는 환한 미소를 내 오래된 목걸이가 흐뭇하게 바라본다.

(2013. 전국장애인근로자문화제 대상)

폐지 줍는 여자

    초겨울 아침이다. 오전 열 시경, 내가 일하는 주민센터 2층의 작은 도서관으로 한 여자가 들어왔다. 두툼한 국방색 점퍼에 하얀 털모자를 쓰고 굵은 실로 뜬 목도리까지 칭칭 둘렀다. 종종 폐지를 가지러 오는 분인데, 출근길에 별 추위를 느끼지 못한 나는 그녀의 차림에 고개를 갸웃했다.

    "차 한 잔 드릴까요?"

    "네, 주시면 감사하지요."

    추위에 떨어서인지 평소와 다르게 선뜻 응한다. 따뜻한 한방차를 받아 든 여자가 밖이 잘 보이는 창문 옆에 앉으며 "와! 여기서 보니 밖이 참 평화로워 보이네요." 한다. 재개발이 확정된 다소 어수선한 동네에서 무슨 평화로움이 느껴질까 싶지만, 한 줌 햇볕에도 따스함을 느끼는 그녀의 순수한 마음이 엿보이는 듯했다.

그녀를 처음 만난 것은 작년 여름이다. 도서관에 쌓인 낡은 책을 처분하려고 재활용센터에 연락했다. 책은 내가 일하기 전부터 모아 둔 것이라 양이 제법 많았다. 잠시 후 남녀 두 분이 오셨다. 나이가 꽤 들어 보이는 남자 어르신과 행색이 남루한 그녀였다. 오십 대 후반으로 보이는 그녀는 어딘가 모르게 병색이 짙어 보였다. 마른 몸매에 핏기 없는 얼굴, 쇳소리 같은 숨소리가 그런 짐작을 하게 했다. 두 사람은 계단을 오르내리며 책을 날랐다.

그녀는 무게가 훨씬 더 나가는 두꺼운 전집류도 턱밑까지 괴어서 들어 올렸다. "그걸 어떻게 다 들어요. 조금씩 나르시지…." 자칫 계단에서 미끄러지기라도 하면 어쩌나, 다 닳아 반질반질해진 그녀의 슬리퍼가 자꾸 신경 쓰였다. 본인은 괜찮다고 하지만 발걸음은 모래주머니를 매단 듯 무거워 보였다. 등줄기는 이내 축축해지고 그녀의 고단한 삶이 굵은 땀방울로 흘러내렸다.

그렇게 이십여 차례를 오르내린 그녀가 마지막 책을 나르며 내 귀에 대고 살짝 말했다 "선생님, 다음에 또 책이 나오면 제게 따로 전화해 주시면 안 될까요?" 재활용센터에 연락이 닿아 가져가는 물건은 본인에게 별 도움이 되지 않은 듯했다. 다리가 후들거리도록 무겁게 들어 날랐건만, 정작 자기에게 돌아갈 수익이 별로 없다니 마음이 짠했다.

그녀는 한없이 온순하고 바른 성품을 지닌 분 같았다. 불편해 보이는 몸으로도 힘든 일을 마다치 않는 삶의 자세가 감동을 자아내기도 했다. 그날 이후, 폐기할 책이 나오면 그녀에게 직접 전화했다.

재개발로 인해 주민센터를 임시청사로 옮기게 되었다. 도서관도 함께 가야 하는데 새 청사의 공간이 좁아 일부의 책을 더 폐기해야만 했다. 오늘 그녀가 온 것도 그 때문이다. "어제 전화했을 때 병원이라고 하셨는데 어디가 아프신 거예요?" 궁금하던 것을 조심스레 물어보았다. 그녀는 희미한 미소를 띠며 말했다. "저, 사실 간암 환자예요. 4기에 가까워요." 생각보다 중병이어서 가슴이 먹먹했다. 그녀는 집에 있으면 더 아프고 자꾸 드러눕게 된다고 했다. 그리고 몹쓸 생각만 하게 되어 일부러 나온다는 것이다. 폐지를 주울 만한 나이도 아닌 듯한데 이 일로 생계를 이으며 병마와 싸우기까지 하는 그녀의 의지가 놀라웠다.

그녀는 남편과 두 딸과 함께 살고 있었다. 나이는 예상외로 사십 대 후반이었다. 허름한 차림새가 실제 나이보다 훨씬 더 들어 보이게 했나 보다. 그녀는 생이 다하면 조용히 떠나고 싶다고 했다. 삶에 대한 애착을 가족들에게 보이고 싶지 않다며 고통이 심해졌을 때 자신도 모르게 살려달라고 애원하게 될까 봐 그게 가장 두렵다고 했다. 자신에게 왜 이런 병이 왔는지 억울한 마음이 들 법도 하건만, 죽음을 담담하게 받아들이는 그녀에게서 문득 동생의 모습이 겹쳤다.

얼마 전, 오십 대 중반의 동생을 담도암으로 떠나보냈다. 동생은 내내 고생하다가 오십 대가 되어서야 겨우 사업이 안정되었다. 집도 사고 땅도 사며 이제 좀 살 만해졌다고 생각했는데 덜컥 암에 걸린 것이다. 6개월 시한부 선고를 받은 동생은 "누나, 내 겨드랑이 밑에 날개가 달린 것처럼 몸이 가벼워. 그런데 무슨 암이야?"라며 애써 부정하고 싶어 했다. 그러나 날이 갈수록 몸은 사그라지고 결국 "누나, 매형하고 행복하게 잘 살아. 나는 이제 내가 좋아하는 우주로 여행을 가야겠어."라며 영원한 이별을 받아들이기 시작했다.

마약성 진통제마저 효과가 없어졌을 땐 스스로 수면제를 맞겠다고 했다. 그 상황에서 수면제를 맞으면 더는 깨어나지 못할 수도 있다고 했지만, 동생은 그 외로운 길을 묵묵히 택했다. 어차피 예견된 이별, 더 이상의 투병은 의미가 없다고 느낀 것 같았다. 마음을 내려놓은 동생은 오히려 편안했을까. 애달픈 가족을 뒤로하고 정말 여행을 떠나는 사람처럼 "레츠 고"를 외치며 수면제를 맞고 깊은 잠에 빠져들었다. 그리고 사흘 후, 5월의 하얀 찔레꽃 속으로 영영 떠나고 말았다.

그녀에게 동생 이야기를 들려주자 자신도 그렇게 떠날 수 있기를 간절히 바란다고 했다. 먼 허공에 힘없는 시선을 보내는 그녀가 안타깝고 애처로웠다.

나이가 들어서일까. 건강에 대한 인사나 대화가 부쩍 많아진다. 죽는 날까지 건강하게 사는 것이 모두의 소원 아닐까. 갑작스러운 병으로 죽음을 눈앞에 둔다면 그 두려움을 어찌 감당할 수 있을까. 생의 마지막까지 의연했던 동생이나 자신의 병을 담담하게 받아들이는 그녀에게서 여느 구도자求道者 못지않은 초연함이 느껴진다.

나는 어떤 마음으로 죽음을 맞이할 수 있을까. 생을 조용히 돌아보며 '아, 나 참 잘 살았구나!' 후회 없이 조용히 떠날 수만 있다면 더 바랄 것이 없겠다. 나 또한 가족에게 짐이 되지 않기를 간절히 바라고 있다.

그녀가 책을 나르겠다고 일어선다. 옆 공부방에서 폐기하는 책까지 양이 제법 많다. 그녀는 이 책을 집으로 가져가 표지를 뜯어내는 작업을 해야 한단다. 책 표지는 파지로 구분되어 1kg에 40원이고 속지는 60원이란다. 그대로 가져가면 모두 파지로 계산되기 때문에 20원을 더 받기 위해서는 분리 작업이 필수라는 것이다.

"일이 너무 많네요?"

"그래도 이렇게 주시니 얼마나 감사해요? 요즘 박스 줍기 힘들어요." 폐지 줍는 것도 경쟁이 심하다니 팍팍한 삶을 꾸리는 사람이 얼마나 많을지 미루어 짐작이 간다.

책을 다 실은 그녀가 인사를 꾸벅하고 떠난다. 창밖으로 그녀의 수레를 내려다본다. 적재함 절반 넘게 책이 쌓였다. 저 책을 엘리베이터도 없는 3층 집으로 옮겨 표지 분리를 한 뒤 다시 들고 내려와야 한다니 아무래도 중증 암 환자가 할 일은 아닌 듯하다. 하지만 일에 집중하는 동안이라도 고통과 잡념에서 벗어날 수 있다면 노동의 강도로만 판달할 것은 아니지 않을까.

골목을 기웃거리며 떠나는 그녀의 뒷모습을 오래도록 바라본다. 골목골목 그녀의 발자국이 더 많이 더 오래 남아 있기를 조용히 빌어본다.

(2021.)

지도 위를 걷다

나는 이제 딸의 집을 눈감고도 찾을 수 있다. 일본 요코하마 바다 근처의 한적한 동네, 작은 역을 따라 올라가다 보면 삼지 창을 닮은 갈림길이 있다. 그 왼쪽 날개 부분에 커서cursor를 찍 으면 작은 언덕길이 보이고 조금만 올라가면 딸의 집이다. 안타 깝게도 대문 앞까지는 인터넷의 거리 지도가 지원되지 않아 매 번 언덕 아래서 아쉬운 마음을 달래곤 한다.

어스름이 깔리는 여름날 저녁, 또 지도 위를 서성이다 딸에게 전화를 걸었다. 딸은 택배를 부치러 편의점에 가는 중이라며 심 심한데 잘 되었다고 반가워한다.

"너 지금 어디쯤 가고 있어?"

지도 위에서 딸과 나란히 걸을 양으로 위치를 물어본다.

"왜, 말하면 엄마가 알아?"

"응, 엄마가 지금 지도로 너희 집을 보고 있거든."

딸은 골목을 내려와 세 갈래 길에서 홍가시나무 담장을 끼고 우측으로 돌아간다고 했다. 나도 얼른 그 지점에다 커서를 찍는다. 골목 어귀엔 맨드라미와 분꽃이 피어 정겨움을 더하고 있다. 길거리에는 쓰레기봉투나 담배꽁초 하나를 찾아볼 수가 없다. 불법주차도 없으니 골목이 더 정갈하고 탁 트인 느낌이다.

딸이 지금 가고 있는 편의점은 골목 끝에서 왼쪽으로 돌아 300여 미터를 더 가야 한다. 지도의 거리 측정기로 계산해 보니 집에서 700여 미터 떨어진 곳이다. 그런데 가는 길목에 그 흔한 가게 하나가 없다. 이유를 물어보니 일본은 주택지로 지정된 곳에는 가게가 들어올 수 없다고 한다. 집 앞에 각종 가게와 편의시설이 있는 곳에서 살던 아이라 불편하지 않으냐고 물으니 오히려 조용해서 좋다고 한다. 어느새 그 환경에 적응했는지 한결 차분해지고 여유로워진 모습을 느낄 수 있다.

딸이 처음 일본에 갔을 때도 매일 밤 함께 걸었다. 일본어를 전공하던 딸은 언어 공부와 현지 체험을 하겠다며 1년 목표로 도쿄에 갔다. 딸은 어느 대학교 근처에 숙소를 정한 뒤, 낮에는 학원에 다니고 저녁에는 아르바이트했다. 일은 모든 식당이 문을 닫는 밤 11시에 끝났다. 버스 노선이 마땅치 않아 으슥한 밤길을 매일 40분씩 걸어서 집으로 돌아간다니 여간 걱정이 아니었다.

딸도 무서운지 퇴근 시간이면 어김없이 전화를 걸어왔다. 나는 그렇게 매일 밤 통화를 하며 딸의 곁을 지켜주었다. 옆에서 남자 목소리가 들릴라치면 가슴이 철렁 내려앉았다. "뭐야?" 깜짝 놀라 물으면 편의점에서 술 마시는 남자들이라며 괜찮다고 했다. 하지만 주변 소리에 늘 촉각이 섰고, 딸이 무사히 현관문을 열고 들어가야 나도 안심하고 잠들 수 있었다.

늘 괜찮다며 씩씩하게 굴던 딸이 내심 힘들었나 보았다. 5개월이 지났을 무렵 "엄마 나 돌아가면 안 돼?"라고 물었다. 절대 중간에 돌아오는 일이 없을 거라고 호언장담하고 떠났지만, 스물한 살의 어린 딸에게는 타국살이가 몹시 버거운 듯했다. 섣불리 포기하는 아이가 아닌데 얼마나 힘들었으면 하는 마음이 들었지만, 인생의 첫 도전에서 그 고비를 넘지 못하면 앞으로도 쉽게 무너질 것 같아 조금만 참아보자고 달랬다.

대신 제 언니를 보내 고향의 그리움을 조금 달래주었다. 다행히 딸은 안정을 되찾고 일자리도 집 근처로 옮겼다. 그러곤 운명 같은 사람을 만나 6년의 연애 끝에 행복한 가정을 꾸렸다. 그때 포기하고 돌아왔더라면 딸의 인생은 어디로 흘러갔을까. 이 아름다운 삶이 준비된 것도 모르고 지나칠 뻔하지 않았던가. 무조건 참는 것이 능사는 아니지만 대부분 참고 견딘 후의 결실이 더 옹골차다는 것을 딸도 배웠을 것이다.

결혼식을 올린 이듬해, 딸의 집에 가려고 비행기표를 예약했지만, 코로나로 온 세계가 비상이 걸려 가지 못했다. 각국의 공항이 폐쇄되니 물리적 거리보다 심리적 거리가 더 멀게 느껴졌다. 나는 그때부터 딸의 집에 가지 못하는 아쉬움을 지도로 달랬다. 딸이 걸어가는 길을 짐작해 커서를 찍으며 동네를 돌아보고, 언덕길 아래에서 딸이 콩콩 뛰어 내려올 모습을 상상하며 망연히 서 있기도 했다.

무거운 몸이 버거운 걸까. 딸의 숨이 가빠질 무렵 편의점에 도착했다. 딸이 볼일을 보는 사이 나는 주변을 둘러본다. 도로 건너편에 담장을 홍가시나무와 철제로 나눈 목조주택이 있다. 일본만의 특징인지…. 오는 길에도 유독 홍가시나무와 구멍 난 철제 담장이 많았다. 아마도 고온다습한 기후 때문에 바람이 잘 통하게 하기 위함이 아닌가 싶다. 편백 껍질로 이은 듯한 매끈한 지붕은 처마까지 이어지며 멋스러움을 자아낸다. 작은 정원엔 나른한 햇살이 졸고 담장 앞 버스 정류장에는 작은 벤치 하나가 놓여 있다. 나는 장대높이뛰기를 하듯 커서로 훌쩍 길을 건너 벤치에 걸터앉는다. 철제 담장 사이로 숨바꼭질하던 바람이 내 등을 훑고 지나간다.

커서만 찍으면 어디든 갈 수 있고 무한한 상상까지 펼칠 수 있는 것이 인터넷 지도 위 세상이다. 디지털의 발달은 이렇듯 내게 신세계를 열어주며 세계 어디든 갈 수 있게 해 준다. 항공지도로는 아래를 훤히 내려다볼 수 있고, 거리 지도로는 마치 그 길을 걷는 것처럼 주변을 살피며 이동할 수 있다. 여행책을 볼 때도 글쓴이의 행적을 따라 그곳을 찾아다니며 읽는다. 몇 초 만에 대륙도 횡단할 수 있다. 걸음이 원활하지 않은 내게는 인터넷 지도가 신대륙의 발견만큼이나 신비로운 세상이다.

딸이 아직도 매콤한 맛이 당기는지 한국 라면을 샀다고 자랑하며 편의점을 나온다. 11월에 출산을 앞둔 딸에게 따뜻한 밥 한 끼도 못 해 주었다. 입덧이 한창일 때 엄마가 만든 닭볶음탕이나 아빠가 끓인 얼큰한 오징어찌개를 먹으면 속이 확 풀릴 것 같다며 울먹이던 딸의 목소리가 아직도 쟁쟁하다.

왔던 길을 되돌아간다. 라면 덕분에 딸의 발걸음이 한결 가벼워진 것 같다. 나도 서둘러 지도 위를 걷는다. 두런두런 이야기가 이어진다. 귓전을 파고드는 바람 소리가 시공간의 경계를 허문다. 딸은 힘차게 땅을 디디며 걷고 나는 커서로 껑충껑충 따라 걷는다. 어느새 집 앞이다. 내가 지도로 갈 수 있는 곳은 언덕길 아래까지다. 거기서 나는 또 그 길 위를 서성인다.

(2021.)

따뜻한 마음과의 동승

　나는 외출 시 지하철을 즐겨 이용한다. 한 손에 지팡이를 짚고 절룩거리는 다리로 많은 계단을 오르내려야 하는 불편함이 따르지만, 출입문이 플랫폼과 수평이라 차를 타기가 수월해서다. 또한, 빈자리가 없어 의자에 앉지 못해도 출입문 옆 기둥에 기대어 서면 흔들림이 심한 버스처럼 그리 위험하거나 불편하지도 않다.

　그날도 친구와 약속이 있어 지하철을 타러 갔다. 1호선 신이문역에는 장애인을 위한 엘리베이터나 에스컬레이터가 없어 계단을 내려가고 있었다. 중간쯤 내려가고 있을 때 '뜨르르르릉' 신호가 울리고 열차가 곧 도착한다는 안내방송이 나왔다. 다급해진 사람들은 '타다다닥' 계단을 뛰어 내려가고, 나는 그들의 뒷모습을 바라보며 가던 걸음 그대로 천천히 내려가고 있었다.

서두를 수도 없는 나는 항상 느린 걸음만큼 시간적 여유를 두고 다니기 때문에 다음 차를 타면 될 것이었다.

스르르 미끄러져 들어온 열차는 흡입력 강한 청소기처럼 많은 사람을 단숨에 빨아들였다. 나는 내려설 계단이 아직 대여섯 개가 남아 그 차를 탈 생각을 하지 않았다. 오른발이 먼저 한 계단 내려서면 짧고 불편한 왼발이 따라와 나란히 서는 식의 더딘 걸음을 유지하며 발끝만 보며 내려가고 있는데, 웬일인지 열차 문 닫히는 소리가 들리지 않았다. 이상히 여겨 고개를 들어보니 승무원 아저씨가 나를 바라보고 계셨다. 아주 온화한 표정에 나이는 오십쯤 되어 보였다.

내가 이용하는 신이문역은 인천 방향으로 내려서는 계단 끝 플랫폼에 열차 꽁무니가 닿기 때문에, 승무원이 계단을 내려오는 사람을 볼 수가 있다. 눈길이 마주치자 어서 내려와 타라는 눈짓을 보냈다. 나는 다음 차를 이용해도 되니 출발하라는 눈짓을 보냈다. 그러나 아저씨는 기다릴 테니 걱정하지 말라는 눈짓을 보냈고, 그제야 나는 최대한 걸음을 빨리하여 열차에 오르며 감사의 눈빛을 보냈다.

차 안은 복잡했다. 빈자리는 물론이고 서 있을 자리도 마땅치 않았다. 차가 출발하기 전에 무엇이라도 잡아야겠기에 염치 불고하고 사람들 틈을 비집고 들어가 의자 옆 기둥을 잡고 섰다. 그때 객차와 연결된 승무원실 문이 '철컥'하고 열렸다. 그곳에

객차와 통하는 문이 있다는 것을 처음 알았다. 조금 전 눈빛을 주고받았던 승무원 아저씨가 얼굴을 내밀고 객차 안을 살피고 있었다. 아저씨는 승객들의 탑승 상황을 살피는 듯했지만, 고개를 빼고 이리저리 누군가를 열심히 찾는 듯했다.

그 모습은 조금 전 눈빛으로도 알 수 있었듯이 내가 안전하게 자리를 잡고 앉았는지 살피는 것 같았다. 복잡한 실내를 한참 두리번거리던 아저씨가 키 큰 남자에게 가려진 나를 발견했다. 내가 서 있는 것을 보고 깜짝 놀라며 승무원실에 의자가 있으니 들어와 앉으라고 했다. 나는 선뜻 용기가 나지 않아 사양했다. 그곳은 분명히 관계자 외에는 출입 금지일 텐데 나를 들여보냄으로써 어떤 문책을 당할지도 모를 일 아닌가. 그동안 지하철을 많이 타 보았지만 이러한 배려를 해 주는 승무원은 처음이라 적이 당황하기도 했다.

나의 정중한 사양에도 아랑곳없이 불편한 몸으로 어떻게 서서 가느냐며 자꾸 들어오라고 했다. 친절한 권유를 계속 거절하기가 미안해서 못 이기는 척 따라 들어갔다.

"여긴 근무자 외 출입 금지일 텐데 정말 들어가도 돼요?"

"몸 불편한 사람 잠시 앉혀 드리는 건데 무슨 일 있겠습니까."

대수롭지 않게 여기는 아저씨가, 벽에 붙어서 접혀 있는 의자를 펼쳐주었다.

"어! 이건 선생님이 앉아야 할 자리잖아요?"

의자가 몇 개 있나 보다고 짐작한 나는 딱 하나밖에 없는 의자를 내어주는 아저씨를 보고 깜짝 놀랐다.

"괜찮습니다. 저는 어차피 2분마다 문을 열어주어야 해서 앉을 시간 없어요. 그런데 요즘 사람들은 도무지 양보 의식이 없어 불편한 사람을 보고도 일어설 줄을 모른다니까요."

아저씨는 내게 부담을 주지 않으려고 하면서 인심이 점점 각박해져 가는 것 같아 안타깝다고 하셨다. 나는 내 장애로 인해 애먼 사람까지 욕 먹이는 것이 아닌가 하여 슬그머니 미안한 마음이 들었다. 한편으론 그 덕분에 이런 호사를 누리게 된 것 같아 기쁘기도 했다.

의자에 허리를 곧추세워 앉으니, 마치 내가 기관사가 된 것 같았다. 실제로 내가 앉은 자리는 기관사가 앉는 자리였다. 똑같은 기관실을 앞뒤로 연결해놓고 차가 가는 방향에 따라 기관사와 승무원이 자리바꿈만 하는 것이라고 했다.

나란한 평행선이 나를 향해 달려오고 있었다. 녹슨 듯 짙은 밤색이었던 레일은 육중한 바퀴와의 수많은 마찰로 아픔을 도려낸 후 은색이 되어 있었다. 그 은색 레일은 운동회 날 트랙을 따라 그어놓은 하얀 선 같았고, 나는 그 선을 따라 나의 두 발로 힘껏 달리는 듯한 착각에 빠졌다. 운동회 날이면 항상 먼발치에서 구경만 했는데, 나는 지금 계주 선수가 되어 달리고, 곧 손목에 1등 도장을 받고 기뻐할 것도 같았다, 언제나 더딘 걸음으로 천천히 걸어야만 했던 내 속이 후련해지기도 했다. 또한, 짓누르는 고통을 잘 이겨내는 레일이 어두운 터널 같은 삶을 잘 견뎌온 내 인생을 반증해 주는 것도 같았다.

"어디까지 가세요?"

회기역을 빠져나가자 아저씨가 혼자의 생각에 잠긴 나를 깨웠다.

"노량진역까지요."

"좋은 일이 있나 봐요?"

"친구를 만나기로 했어요."

"친구 만나면 좋겠네요. 고향 친구예요?"

"아니요. 사회 친구예요."

몇 마디 대화를 주고받는 사이 열차는 이내 청량리역 구내로 들어서고 있었다. 아저씨는 창밖으로 고개를 내밀어 안전을 확인하고 쇠막대기 같은 것을 밑으로 슬쩍 내려 열차 문을 열었다. 승객들의 탑승 상황을 살핀 후, 문을 닫고 빨간 버튼을 눌러 기관사에게 출발 신호를 보냈다. 아저씨는 차가 플랫폼을 다 빠져나갈 때까지 고개를 내밀어 안전을 철저히 살폈다. 가끔 시스템 오류로 정차 역 표시가 잘 못 될 때는 직접 방송도 했다.

'이번 정차 역은 00역입니다. 내리실 문은 왼쪽입니다.'

평소 객차에서 많이 듣던 목소리가 이 목소리였다니….

"어! 이거 아저씨 목소리였어요?"

놀란 토끼처럼 눈을 동그랗게 하고 묻는 나를 보고 아저씨는 그저 빙그레 웃었다. 이렇듯 나는 아저씨의 특별한 배려 덕분에 푹신한 의자에 편히 앉아 여러 가지 구경을 하고 있었다. 이야기를 곧잘 하시는 아저씨와 이러저러한 인생 이야기까지 나누다 보니 삼십여 분의 시간이 훌쩍 지나 목적지인 노량진역에 도착했다. 덕분에 편안히 오고 특별한 경험을 하게 해 주어 고맙다는 인사를 남기고 객차와 연결된 문으로 나가려 하자 불편한데 이쪽으로 나가라며 승무원실의 출입문을 열어주었다.

승, 하차하는 사람이 승무원실에서 내리는 나를 보고 놀라 쳐다보았다. 나는 특별한 사람이 된 양, 어깨가 으쓱해졌다. 예전에는 장애 때문에 놀림도 많이 받고 스스로 주눅이 든 삶을 어두운 터널 같다고 생각했는데 요즘은 그 장애로 인해 밝은 세상을 자주 보게 되었다. 내가 사십칠 년을 살아오는 사이 장애에 대한 편견은 점차 사라지고 따뜻한 마음과 손길을 내미는 이웃들이 많아진 것이다. 불편한 승객을 위해 세심한 배려를 아끼지 않은 승무원의 따뜻한 사랑이 세상을 더욱 아름답게 가꾼 날이었다.

(2008. 제3회 지하철 '에피소드 공모전 우수상)

실크로드를 읽고

　이 책은 정목일 수필가가 실크로드 여행을 다녀와서 쓴 기록문이다. 단순한 기록문이 아니라 수필가다운 사색과 명상이 담겨있다. 저자는 수천 년 전, 실크로드를 떠났던 사람을 생각하면서 언젠가 그 길을 가보리라 막연한 기대를 품고 살다가 드디어 실크로드를 찾아 떠났다고 한다. 인간은 태어나면서부터 길을 떠나는 존재인가. 작가는 일생이란 한 장의 여행 티켓이며 누구나 일생이란 길 위에서 임종을 맞게 되며 '삶' 그 자체는 '여행 중'이라고 말한다. 나도 그를 따라 함께 여행하는 기분으로 책을 펼쳤다.

　여행은 중국 고대사의 중심이자 실크로드의 시발점인 서안에서부터 시작된다. 도시 자체가 거대한 박물관이라고 해도 과언이 아니라는 서안에는 우리나라 종각에 있는 보신각종 같은 종루가 있고, 현장법사가 인도에서 가져온 불경과 불상을 모시기 위해 건립한 7층 석탑인 대안탑이 있다고 한다. 1,500년 전 구도자의 길을 개척하기 위해 끝없는 사막과 험준한 산맥을 넘어 죽음과도 같은 고행길을 걸어갔다는 현장법사를 생각하니 아득한 현기증마저 느껴진다.

양귀비와 현종이 사랑을 나누었던 곳으로 유명하다는 화청지에는 양귀비가 목욕하던 욕조와 목욕 후 요염한 자태를 뽐내는 석고상, 머리를 말리는 누각도 세워져 있다니 그녀는 천년이 지난 세월 속에서도 미의 상징으로 사람들의 마음속에 살아있는 듯했다.

저자는 황하를 보면서 중국 문명을 낳은 자궁이라 했다. 물 무게의 1/3이 진흙이고 바닥에 가라앉은 진흙이 강바닥을 높이고 있어 늘 홍수가 뒤따르지만, 중국 문명은 황하에서 시작된다는 것이었다. 황하 유역이 대륙성 기후로 건조한 데다가 비옥한 황토가 퇴적하여 황토지대를 형성하고 있어 사람이 살기 좋은 토지를 제공하고, 농경에 적합한 조건을 갖추고 있기 때문이란다.

1만 6천 평의 지하 공간에 6천여 명의 주력부대를 숨겨 둔 병마용은 저자를 경악하게 만들었다. 아무리 무생명이라고는 하지만 2천 년 동안 출정 명령을 기다리며 흙 속에 묻혀 있는 병마용을 힘없는 백성들의 삶이 짓밟힌 흔적으로 본 것이다. 저자는 70만 명의 사람들을 동원해 30년 동안이나 이 지하 군단을 만들었다는 사실에 놀라며, 진시황은 이 세월에 대한 보상을 어떻게 할 것인가를 묻고 있었다. 또한, 그 병마용들을 위해 추모의 시와 음악을 들려주어 영혼을 위로해 주어야 하지 않을까 사색한다. 생명이 없는 흙 사람에게도 깊은 고찰考察을 하는 저자의 마음에 숙연해진다.

저자와 함께 고비사막을 넘는다. 저자는 누구나 한 번쯤은 사막을 건너가지 않을까 하며 그 길은 혼자 가는 길이지만 희망의 등불을 켜야 하고, 마음속에 희망이란 오아시스를 만들어야 한다며 나의 인생이 곧 사막을 걷는 거와 똑같다고 말해준다. 메마른 사막에 타는 목마름으로 걸어가는 고독한 인생길일지라도 오아시스와 같은 희망의 등불은 늘 밝히고 살라는 메시지다.

모래산인 명사산에서는 '노래를 부르는 산, 얘기를 들려주는 모래 산, 희고 부드러운 곡선을 지녀 여인의 나신보다 더 아름답게 빛나는 산'이라고 사색한다. 과연 수필가다운 명상이 아닌가. 사물의 내면까지 들여다보며 조용한 노래를 부르는 듯했다. 이렇듯 수필가인 저자와의 여행은 조용한 사색이고 명상이었다.

나는 그런 저자와의 여행을 계속 차분히 따라가고 있었다. 명사산에는 산꼭대기로 오르는 사닥다리가 있다. 저자는 그 사닥다리를 타고 명사산 꼭대기까지 올라가 보기로 한다. 나도 마음속으로 따라 올랐다. 문득 저 산꼭대기에 오르면 하늘에 닿을 수 있을까 하는 어릴 적 꿈이 떠오르며 땅이 내 발아래로 한 걸음씩 내려서는 듯했다.

그러나 상상은 내가 편리한 만큼만 한다. 나무 썰매를 타고 멋있게 내려오려던 저자의 꿈이 부서지려는 순간 나는 얼른 썰매에서 뛰어내리고 만다. 가속도가 붙은 썰매는 중심을 잡지 못하고 모래밭에 나뒹굴고 말았다. 사고는 순식간에 일어났고 다친데가 없다니 다행이다. 순간 나만 살려고 뛰어내린 자신이 슬며시 미안하고 웃음이 났다. 책으로 떠나는 여행은 이렇듯 내 마음대로 상상을 펴거나 접을 수 있어 좋다.

놀란 가슴을 월아천의 물로 가라앉히고 막고굴로 가서 부처의 세상을 본다. 모래산이 굳어서 된 벽을 흙으로 쌓아 올려 이룬 언덕 같은 막고굴, 천 년 동안 작가들은 각자의 예술 세계를 그 안에 꽃피웠다. 어두컴컴한 굴속에서 외롭고 고독한 작품 세계를 펼쳤을 작가들, 그 정신이 위대해 보인다.

타클라마칸 사막 한가운데는 가장 낮고 뜨거운 도시 투루판이 있다. 현장법사가 한 달 동안 설법을 하였다는 흙의 도시 고창 고성을 보고, 손오공도 뜨거워서 넘지 못해 파초선을 구했다는 화엄산 앞에서 훅훅 끼쳐오는 열기를 느낀다. 천산산맥의 녹아내리는 만년설을 끌어오기 위해 총 5,000km의 수로 공사를 하여 만든 카레스 운하에 손을 담그고 '아름다운 초원'이라는 뜻이 담긴 우루무치로 떠난다. 우루무치에는 말, 양, 염소를 방목하는 유목민족이 있고, 중국인이 3년을 먹을 수 있는 양을 보유

한 소금호수도 있다. 신강 박물관에서 2천5백 년 전, 그 지역에서 최고의 미인이었다는 '누란미녀'상을 만나며 실크로드의 긴 여정이 끝난다.

직접 찍은 사진과 함께 명소마다의 특징을 잘 나타낸 책은 나를 중국문화에 빠지게 했다. 마치 함께 걷는 것처럼 사진 위에 나를 올려놓으니 무한한 상상의 세계가 펼쳐졌다. 해외여행이 보편화되고 많은 사람이 중국 여행을 다녀오고 또 계획하고 있지만, 나는 앞으로도 그곳을 직접 여행할 일은 없을 것 같다. 그 방대한 여행지를 남들과 보폭을 맞추어 다니지 못할 것이고 발이 푹푹 빠지는 사막 위를 힘없는 다리로는 걷지도 못할 것이다. 그래서일까. 나는 이 책을 모든 상상을 동원해 함께 여행하는 것처럼 읽었다. 저자의 고요한 사색과 명상이 함께 하니 깊은 울림도 있었다. 지도를 펴놓고 눈으로 마음으로 따라간 실크로드는 나만의 방법으로 느낄 수 있는 즐거운 여행길이었다.

(2007.)

영월, 그 세 번째 사랑

2008년 9월 27일, 서초 구민회관 옆 공영주차장에서 영월행 관광버스를 탔다. 글쓰기를 좋아한다는 이유로 열한 번째를 맞는 김삿갓 문화 축제에 초대받아 1박 2일 여행을 가게 된 것이다. 며칠 전 재발한 방광염으로 아랫배가 몹시 불편했지만, 남편의 생일도 뒤로하고 충분한 고민 끝에 내린 결정이라 번복할 수 없었다. 그것도 문학인과의 동행이라 어쭙잖은 내가 이 무리에 끼일 수 있다는 것이 가슴 벅찼고, 여행에 대한 기대도 컸다.

유리알처럼 맑은 가을 하늘엔 구름 꽃이 몽실몽실 피어나 가을의 정취를 더한다. 길가엔 가을꽃이 만발이다. 빨강, 분홍, 하양, 색색의 코스모스가 하늘대고, 보랏빛 쑥부쟁이와 단아한 여인 같은 하얀 구절초도 함초롬히 피었다.

버스는 가을 풍경 속으로 빠르게 달려 고씨동굴 앞에 섰다. 점심을 그곳에서 먹을 모양이었다. 원조라고 적힌 칡국수 집에 들어갔다. 이름에 걸맞게 국수 맛이 일품이다. 고명으로 얹은 배추김치가 깔끔한 맛을 돋우고 감자전과 도토리묵무침이 강원도 토속 음식의 진수를 보여주었다. 알싸한 동동주 한 사발에 기분도 알딸딸해진다. 어느 시인은 기똥찬 맛이라며 즉흥시까지 지어서 낭송했다. 김삿갓의 고장 영월에 오니 저절로 풍류와 해학이 넘쳐나는 듯하다.

이곳은 몇 년 전 동생네와 여름휴가를 와서 레프팅했던 곳이다. 두 가족이 양쪽으로 나뉘어 앉아 '영차, 영차' 구령에 맞춰 힘차게 노를 젓던 생각이 난다. 동생 부부는 보트 끝에 서서 타이타닉 흉내를 내다가 강물에 풍덩 빠져 웃음을 안겨주기도 했다. 항상 멀게만 느껴지던 강원도 땅을 직접 밟고, 라디오의 5분 드라마로 익숙했던 김삿갓의 묘역에 직접 와 있다는 것이 꿈같았다. 시원한 계곡물에 발 담그고 행복에 겨웠던 그때를 떠올리는 사이 김삿갓 문학관에 도착했다. 계곡에는 여전히 맑은 물이 졸졸 흐르며 재회의 인사를 건네는 듯했다.

빙 둘러선 산은 어깨동무한 친구처럼 정겨운 모습을 띠고 문학관의 삿갓지붕은 김삿갓을 잘 상징하고 있다. 무대에서는 올해의 김삿갓 선발 대회가 열리고 있었다. 김삿갓 복장을 한 사람들이 저마다의 특색과 개성을 뽐냈다.

행사장 주위에는 새끼줄 꼬기, 가마니 짜기, 판화로 명화 찍어내기, 꽃누르미 열쇠고리 만들기, 투호 등 여러 가지 체험장도 마련되어 있다. 호기심이 발동한 나는 신사임당의 초충도를 찍어내며 자주 토닥대는 우리 부부의 화합을 기원했다. 엄마가 직접 만든 선물을 받아 들고 기뻐할 아이들 얼굴을 떠올리며 꽃누르미 열쇠고리도 진지하게 만들었다.

가수의 초청공연이 시작되었다. 산중에는 해가 일찍 떨어지고 밤바람이 무척 차가웠다. 외투를 더 껴입었지만, 몸은 자꾸 떨려왔다. 추위를 잊기 위해서라도 손뼉을 더 크게 치고 노래를 따라 했더니 한기가 조금 가시는 듯했다.

1부 공연인 가수의 노래가 끝나자 사람들이 썰물처럼 빠져나갔다. 드문드문 앉은 관객이 마치 빈 들판에 군데군데 쌓인 볏단처럼 황량함마저 돌게 했다. 2부 문학의 밤 행사가 진행되었다. 시인이 부르는 노래, 시인의 트럼펫연주와 플루트연주, 한복을 곱게 차려입은 시인의 낭랑한 시 낭송까지 계속 이어지는데 허허로운 객석이 자꾸만 아쉬움을 남겼다.

문학의 밤 행사를 먼저 했더라면 많은 관객에게 문학제의 취지를 더 잘 드러내지 않았을까 하는 생각이 들었다. 추위에 대비 못 한 주최 측의 실수도 살짝 엿보였다. 오돌오돌 떨긴 했지만, 김삿갓의 얼을 되살리고 문학의 향기를 느끼는 뜻깊은 시간이었다.

모든 행사가 끝나고 우리를 태운 버스는 어둠이 짙게 깔린 꼬

불꼬불한 산길을 한참 올라 어느 펜션에 도착했다. 폐교를 개조한 숙소였다. 긴 복도를 따라 배정된 방에 들어가니 긴장했던 근육이 풀리며 피로가 한꺼번에 밀려왔다.

씻는 둥 마는 둥 하고 단잠에 빠졌다가 일어나니 벌써 아침이다. 산등성이에 깔린 운무가 장관이다. 눈이 맑아지고 코가 뻥 뚫리는 기분이다. 그곳은 망경대산 이마쯤 되는 8부 능선으로 겹겹의 산들이 병풍처럼 둘러친 해발 700미터 고지의 산골 마을이었다. 신선한 공기 덕분인지 교문 앞에 줄지어 선 코스모스 꽃잎이 유난히 크고 투명하다. 길옆에 잘 가꾸어진 국화도 가을 멋쟁이다운 뽐을 냈다.

마을 길을 따라 자분자분 걸었다. 낮은 지붕을 인 집들이 낡은 삭신처럼 허름했지만, 아기자기 그려진 벽화가 동화 나라를 연상케 했다. 텃밭에서 찬거리를 장만하는 할머니를 만났다. 할머니는 하던 일을 멈추고 마을의 옛이야기를 들려주셨다. 마을 이름은 모운동, 비가 온 후면 구름과 안개가 늘 마을을 덮고 있다고 해서 지어진 이름이라고 한다.

옥동광업소의 경기가 좋을 때는 저 아래까지도 집들이 꽉 들어차 사람들이 북적거렸고 이 산골 마을에 극장까지 있었다고 한다. 하루 세 번을 상영해도 빈자리가 없을 정도였다니 선뜻 믿어지지 않았다. 할머니는 아낙들은 당시 흔치 않았던 청바지를 쭉쭉 빼입은 멋쟁이였고, 동네 개도 만 원짜리를 물고 다닐 정도였다며 호시절 이야기에 흥이 나셨다. 그래서일까. 타고난 연탄재도 선뜻 버리지 못하고 텃밭 가장자리에 울타리 삼아 세워 놓는 할머니에게서 아련한 그리움이 엿보였다.

정겨운 모운동의 풍경을 뒤로하고 돌아오는 길에는 현대미술관을 둘러보았다. 폐교를 개조한 전시관으로 박찬갑 조각가의 혼이 담긴 각종 돌 조각품이 뜰까지 나와 맞아주었다. 영월 하면 빼놓을 수 없는 한반도 지형은 동고서저의 지형까지 그대로 옮겨 놓은 듯했다. 여체의 부드러운 곡선을 닮은 요선암까지 돌아보니 자연보다 더 위대한 예술가는 없다는 것이 다시 느껴졌다.

영월은 어린 단종의 슬픈 넋을 김삿갓의 통쾌한 해학과 풍자가 달래주는 고장이 아닐까. 한때는 전국에서 가장 살기 고약한 지역이라 단종을 유배시켰다지만, 지금은 동강과 서강의 아름다움과 별마로천문대, 청령포, 장릉, 선돌까지 여러 명소가 있어 관광객이 많이 찾는 곳이 되었다. 영월의 빼어난 경관은 영화 '라디오 스타'를 통해서도 이미 알려졌다. 영월 방문이 벌써 세 번째, 그사이 나는 영월의 매력에 푹 빠져버렸다. 1박 2일의 즐거운 추억을 가득 안고 돌아가는 길, 구절초가 하얀 손을 흔들어 배웅한다. 나도 내년에 또 만날 것을 약속하며 가만히 손을 흔든다.

(2008. 제1회 영월관광수기 공모전 가작 수상)

2부

두 개의 지팡이

엄마 바보야

　『난장이가 쏘아올린 작은 공』이 서가 한쪽에 꽂혀 있다. 문득 예전에 딸이 했던 말이 생각나 슬며시 꺼내 본다. 책갈피 위에 2005.01.14.라는 입고 날짜가 찍혀 있다. 아마 그때쯤이었을 것이다. 내가 딸에게 "엄마 바보야?"라는 말을 들은 것이…. 딸은 그때 중학생이었다. 학교에서 『난장이가 쏘아올린 작은 공』을 필독 도서로 선정해 읽고 독후감을 써 오라는 숙제를 내주었다. 딸은 책을 읽어도 무슨 내용인지 도무지 모르겠다며 끙끙대고 있었다. 나도 책에 대한 소문은 들었지만 읽지 않아서 이참에 아이 숙제도 도와줄 겸 읽어보자고 마음먹고 책을 펼쳤다.

　책은 도시 재개발 뒤에 숨어 있는 소외계층의 궁핍한 생활과 아픔이 난장이를 통해 나타나고 있었다. 난장이는 제 몸집보다 더 큰 연장 가방을 들고 다니며 칼갈이와 유리창 닦기, 수도 고치기 등을 하고, 장애인에 대한 편견을 온몸으로 감당하며 힘겹게 살아가고 있었다.

어느 날, 난장이가 사는 낙원구 행복동이 도시 재개발지구로 지정되어 철거 계고장이 날아오자 평화로웠던 마을이 일순 불안과 공포에 휩싸인다. 입주권을 둘러싼 이웃 간의 불신이 싹트고, 검은 승용차를 탄 투기꾼이 마을을 배회하자 주민들은 상대적 박탈감에 삶의 의욕마저 잃게 된다.

아무래도 시대적 배경지식이 없는 중학생 아이가 쉽게 이해할 내용은 아닌 것 같았다. 나는 산업화를 통해 사람들이 도시로 몰려오게 된 계기, 그 사람들의 생활상과 도시 재개발로 빈민촌 사람들이 철거반원과 싸우게 되는 배경을 이야기해 주었다. 딸은 여전히 모르겠다는 눈치였다. 넉넉지는 않지만 딱히 부족함 없이 사는 아이가, 삶의 터전을 잃지 않으려고 목숨 걸고 싸우는 그 투쟁의 삶을 어떻게 가늠할 수 있을까.

1970년대는 인적자원을 내세워 노동집약적인 산업을 일으키던 때가 아닌가. 섬유, 신발, 가발, 전기 등의 산업이 경제 성장의 원동력으로 추진되고, 농촌의 젊은이들은 공업단지가 있는 도시로 모여들었다. 그들은 수출의 역군이라는 이름으로 밤낮없이 일했다. 서울은 가발, 대구는 섬유, 부산은 신발 공장이 대표적이었다.

나도 그 무렵 대구 근교의 섬유 공장에서 근로자로 일했다.

그 당시에도 적정 근로 시간이 있었을까. 근로기준법이란 단어조차 모르던 우리는 오전 8시부터 오후 7시까지 일했다. 점심시간 1시간을 제외하면 하루 10시간씩 일한 셈이다. 매달 3등까지 주는 능률상은 말을 더 힘차게 달리게 하려는 채찍과 같았다. 소정의 상금이 걸렸으니 모두 열심히 일했다. 급여의 상당 부분을 매달 집으로 보내야 했던 나도 오롯이 쓸 수 있는 그 상금이 탐나서 기를 쓰고 일했다. 덕분에 종종 상금을 탔다.

2등 상금으로 3,000원을 받던 날, 블라우스를 사 입겠다고 돈을 바지 주머니에 넣고 30분을 걸어 시장에 갔다. 마음에 드는 옷을 고른 후 값을 치르려고 주머니에 손을 넣었는데 돈이 잡히지 않았다. 깜짝 놀라 샅샅이 뒤져 보았지만 돈은 흔적도 없었다. 아마 뒤뚱거리며 걸어오는 동안 미끄러운 원단의 바지 주머니에서 밀려 올라와 빠져버린 것 같았다. 한 달간의 고생이 허망하게 날아간 그 허탈함은 아직도 마음을 쓰리게 한다.

편물 기술을 배우기 위해 서울에 올라와서는 더 혹독한 고생을 했다. 지하 공장에 딸린 방에서 생활하며 지상의 세면장으로 따뜻한 물 한 바가지 들고 갈 수 없어 영하 12도의 매서운 날씨에도 찬물에 씻고 빨래를 했다. 결국, 동상에 걸려 동전보다 더 큰 흑점이 종아리 군데군데 박혔다. 목욕탕에 가면 사람들이 이상한 눈으로 쳐다볼 정도였지만 병원에 갈 시간과 돈도 없었다. 동료들이 추렴으로 간식을 사 먹을 때도 소화가 안 된다느니 헛

배가 부르다느니 핑계를 둘러대고, 월급날 외식을 나가는 동료들도 애써 외면했다.

그렇게 궁상을 떨며 산 내 모습이 『난장이가 쏘아올린 작은 공』 책 속에 있었다. 장애에 대한 동질감 때문일까. 난장이의 힘겨운 삶이 가슴 아프게 다가왔다. 그와 다를 바 없는 나의 노동자 시절 이야기를 딸에게 무용담처럼 들려주었다.

그러자 딸이 정색하며 말했다. "엄마 바보야? 왜 돈을 집으로 다 보내?" 예상치 못한 말이 정수리를 때렸다. "엄마가 벌었으면 엄마 맘대로 써야 하는 것 아니야? 엄마는 늘 공부 못한 것이 한이라고 하면서 그 돈으로 엄마가 하고 싶은 공부를 했어야지. 외할머니와 외할아버지가 감당할 몫을 왜 엄마가 했어?"

딸의 분명한 논리 앞에 할 말을 잃고 말았다. 어려운 집안 형편을 서로 도와야 한다고 여겼지만, 딸은 절대 그렇지 않다는 주장을 펴고 있었다. 그러나 어쩌랴. 당시 언니 누나들은 자의든 타의든 가난한 집안을 일으켜야 하는 사명감을 띠고 공장에서 밤낮없이 일하지 않았던가.

시대가 바뀌었다. 10년이면 강산이 변한다는 말도 옛말, 요즘은 10년에도 강산이 몇 번이나 변할 정도로 생활과 의식이 바뀐다. 이러한 세상에서 살아가는 내 아이가 30년 전의 그 시대적 빈곤함을 어떻게 이해할 수 있을까.

이 책은 올해 개정판까지 나오며 여전히 많이 읽히고 있다. 도시 재개발 뒤에 숨어있는 소외계층의 궁핍한 생활상이 천정부지로 오른 아파트값을 따라잡기에 역부족인 현대인의 삶과 닮았기 때문 아닐까. 삼 남매가 공장에서 힘겹게 일해도 방세 내고, 겨우 먹고 사는 것밖에 해결하지 못했던 그 생활이 현대 직장인의 삶과 별반 다르지 않은 듯하다. 예나 지금이나, 먹고 사는 일이 여전히 녹록지 않은 것이다.

반면에 나는 힘겨운 노동자 생활에서 벗어나 작은 도서관에서 사서 도우미로 일하며 비교적 편하게 돈을 번다. 내가 좋아하는 일을 하니 행복이 저절로 따라온다. 나의 지난 삶이 딸의 눈에는 바보처럼 보였을지 모르나 무의미한 삶이 어디 있으랴. 고단했던 지난 삶이 거울 되어 현재의 삶이 더 큰 행복으로 느껴지지 않을까.

어쩌면 지금의 내 삶이 난장이가 꿈꾸던 달나라가 아닐지 모르겠다. 그가 닿지 못한 나라에 내가 있는 듯한 미안함이 든다. 이상을 향해 무모하게 몸을 던지는 제2의 난장이는 나오지 않기를 바라며 책을 다시 서가에 꽂는다.

(2024.)

돌감나무

첫서리가 내린 초겨울, 팔순이 넘은 친정엄마가 올해도 어김없이 감을 따 보내셨다. 자두만 한 감들이 올망졸망 가득 담긴 종이상자는 마치 꼬마전구를 켠 듯 주홍빛으로 환하다.

내 고향 청도는 감나무가 많은 고장이다. 집집이 너덧 그루 이상의 감나무가 있고 산비탈 곳곳에도 감나무가 무성한 숲을 이루어 마을이 온통 감나무에 안긴 듯하다. 둥글납작하게 생긴 청도 반시盤柿는 씨가 없는 것이 특징이다. 이는 암꽃만 피어 꽃가루받이가 안 되고 수정하지 않아도 열매를 맺을 수 있기 때문이라고 한다.

우리 집에도 예외 없이 예닐곱 그루의 감나무가 담장을 따라 서 있다. 우물가에는 돌감나무도 한 그루 있다. 돌감은 본디 야생에서 자라난 작고 볼품없는 감을 뜻하지만, 우리 집 돌감은 감의 크기가 자잘해 상품 가치를 잃은 데서 붙여진 이름이다.

감나무는 고욤나무와 접붙이기를 통해서 탄생한다. 이는 먼저 고욤나무를 심어 뿌리가 잘 내리기를 기다리는 것에서 비롯된다. 나무에 한창 물이 오르는 4월이면 나무 둥치에 세로로 칼집을 내고, 미리 채취해 둔 감나무 가지를 비스듬히 잘라 칼집 사이에 끼운 뒤 비닐로 칭칭 동여매 준다. 이때 나무는 제 살을 찢는 듯한 고통을 겪으며, 원하든 원하지 않든 서로를 끌어안아야 한다. 피처럼 흘러나온 수액은 상처를 덮고, 건강한 세포들이 어우러져 튼튼한 나무로 자라날 때, 비로소 탐스러운 열매를 맺는 온전한 감나무가 되는 것이다.

아버지도 마당 앞 우물가에 감나무 한 그루를 접붙였다. 얼마 후, 나무는 손톱만 한 싹을 틔우고 무럭무럭 제 그림자를 키우며 감꽃도 피워냈다. 초록 잎 사이로 보일 듯 말 듯 피어난 감꽃은 콩알만 한 열매를 낳고는 미련 없이 떨어져 마당을 노랗게 물들였다. 통꽃으로 떨어지는 감꽃은 살집이 단단하여 꽃목걸이를 만들기에도 안성맞춤이었다. 우리는 감꽃 목걸이를 두세 개씩 만들어 걸고 다니며 시나브로 빼먹기도 했다. 감꽃은 떫떠름하면서도 단맛이 돈다. 마치 한여름의 뜨거운 햇볕과 거친 비바람을 잘 견뎌야 하는 땡감의 인고를 예시하는 듯….

어쩐 일인지 우물가의 감나무는 열매가 실하지 못하고 자두만 한 크기에서 더 자랄 생각을 하지 않았다. 반시의 절반도 되지 않는 크기로 상품 가치를 잃고 말았으니 아버지의 한숨에 나무도 민망할 지경이었다. 나무인들 선뜻 낯선 가지와 한 몸이 될 수 있을까. 수없이 갈등했을 나무의 고뇌가 보이는 듯했다.

우리네 결혼 생활도 이와 같지 않을까. 자란 환경과 생활 습관이 다른 남녀가 만나 한 가정을 이룬다는 것이 어디 쉬운 일인가. 상대를 선뜻 이해하고 받아들이지 못해 겪어야 했던 많은 갈등, 서로의 잘못만 탓하며 마찰을 빚고 옥신각신 얼마나 많은 상처를 주고받으며 하나가 되기 위해 노력했던가.

돌감나무는 마치 뜻이 달라 자주 다투는 부모님의 모습 같기도 했다. 아버지는 도시로의 이주를 꿈꾸었고, 어머니는 아버지를 따라나서지 않았다. 아버지는 당신이 성실하지 못한 것이 농촌의 삶과 맞지 않아서라고 설득했지만, 어머니는 구멍가게로 생활을 대신 이으며 꿈쩍도 하지 않았다. 좀체 좁혀지지 않는 두 분의 간극은 또 다른 갈등을 낳으며 줄광대의 아슬아슬한 묘기를 보는 듯했다. 그러나 깍지 끼운 나무처럼 애써 인내하며 용케 가정을 지켜내셨다.

감꽃이 진 자리에는 완두콩만 한 감이 벙긋 솟아 점점 부풀어 오른다. 가을이면 마을은 온통 주홍 물감으로 물들인 점묘화가 되고, 감 따는 장대들이 솟대처럼 하늘을 우러르며 마을은 더욱 분주해진다.

어머니는 홍시가 가득 담긴 함지박을 이고 새벽마다 기차를 타고 대구로 향했다. 삐걱거리는 대문 소리에 잠 깬 샛별이 어머니를 따라갈 즈음이면 교회 종소리도 댕그랑거리며 배웅했다. 이때 돌감나무는 제 열매가 함지박에 담기지 못한 아쉬움 탓인지 더욱 처량한 그림자를 마당 가득 드리우곤 했다.

하지만 돌감은 반시보다 더 붉고 달고 차진 맛을 지녔다. 육질이 단단해 잘 터지지도 않는다. 비록 온전하지는 않지만, 하나가 되기 위한 피나는 노력을 맛과 빛깔로 보여 주는 듯했다. 수많은 갈등을 잘 극복해 준 부모님의 노력이 그 안에 투영되며, 장애를 딛고 일어서려는 내 안에도 조금씩 달고 차진 맛이 채워지는 것 같다.

감에 씨가 없는 것은 젖을 먹이기 전 몽우리를 풀어 젖이 잘 돌게 해주는 어머니의 손길이 먼저 닿은 까닭이 아닐까. 어머니는 모유를 수유하듯 달착지근한 맛이 혀에 감기는 돌감 홍시를 매년 따 보낸다. 높은 가지의 감을 따려고 나무에 오르는 것도 서슴지 않았을 것이다. 망태를 가득 채우기 위해선 몇 번이나 오르내리셨을까. 오 남매에게 각각 한 상자씩을 보내셨으니 그 개수가 족히 천 개는 될 듯하다. 그만큼 하늘을 올려보았을 어머니의 고개는 또 얼마나 아프실까.

나는 홍시 같은 어머니의 사랑 앞에 천 번을 고개 숙여 감사할 수 있을지…. 달콤한 속살을 빨아먹고 남은 쭈그러진 감 껍질을 바라보니, 처진 어머니의 살가죽이 떠올라 가슴이 아려온다.

(2014.)

두 개의 지팡이

두 개의 지팡이가 나란히 장충체육관을 향해 걷고 있다. 하나는 새우처럼 등이 굽은 할머니의 지팡이고 또 하나는 다리를 절룩거리는 사십 대 주부의 지팡이다. 그 지팡이를 짚은 두 사람은 고부 사이다.

장충체육관에는 추석을 맞아 부모님을 위한 '효' 공연이 준비되었다. 70년대 가요계를 주름잡던 남진 씨를 비롯해 현철, 박해미, 김수희 씨가 나오는 4인 4색의 쇼 뮤지컬이다. 부모님의 사진을 올리면 입장권을 주는 한 방송사의 이벤트가 있었다. 나는 공연을 좋아하시는 어머님을 위해 사진을 올렸고 그것이 운좋게 뽑혔다. 어머님은 올 하나 흐트러짐 없이 곱게 빗은 머리를 옥비녀로 단장하시곤 지팡이를 짚으셨다.

어머님은 올해 일흔아홉이시다. 작고 깡마른 체구를 지닌 어머님은 열아홉 꽃다운 나이에 시집오셨다. 시댁은 저녁거리가 없을 정도로 가난했다. 아버님 열한 살 때 시할머니가 신내림을 받아 집안에서 쫓겨나는 바람에 큰집 도움으로 근근이 살았다고 한다. 엄마 사랑을 잃은 아버님은 이유 없이 아팠고, 시골 장정壯丁이 평생 쌀 한 가마니도 질 수 없을 만큼 기력이 약했다니 어머님의 고생이 이루 말할 수 없었다.

어머님은 다섯 남매를 낳았지만, 몸조리가 무언지도 모르고 통통 부은 몸으로 들판에 나가 일했다. 그동안 아버님이 받은 도움의 보답으로 날마다 큰집에 가서 벼 방아도 찧어 주어야 했다. 그 벼가 무려 서른여섯 마지기에서 거두어들인 양이었다니, 어머님은 달 속의 옥 토끼와 견주기라도 하듯 매일 밤 그렇게 절구질했다.

밤새 문풍지를 흔들던 차가운 겨울바람은 어머님 홑치마 속을 들락거리며 온몸을 조여들게 하였고, 얼음같이 찬 냇물에 한 동이씩의 빨래까지 해주어야 했던 어머님은 큰집 가정부나 다름없었다. 그렇게 일해 주고도 허기를 달랜 것은 겨우 죽 한 그릇이었다. 제대로 먹지 못하고 혹사만 한 어머님의 뼛속은 지금, 바람 든 무처럼 구멍이 숭숭하다. 골다공증이 심해 사소한 넘어짐에도 다리와 허리가 골절되고, 멍하니 천장만 바라보고 누워 몇 달씩 고생한 적도 여러 번이다.

몇 년 전에는 교통사고로 넓적다리가 부러져 철심으로 고정하는 수술과 장 파열 수술까지 연거푸 했다. 언제나 푸른 소나무처럼 정정하던 몸이 잎 마름 해충을 입은 것처럼 쇠약해진 것이 어쩌면 당연한지도 모르겠다. 어머님이 지팡이를 짚게 된 것은 그때부터다.

내가 지팡이를 짚게 된 내력은 여섯 살 때로 거슬러 올라간다. 나는 백일 무렵 소아마비를 앓아 한쪽 다리가 불편한 장애인이다. 여섯 살이 될 때까지 무릎이 발인 양 기어 다니다 학교 갈 무렵이 되어 아버지가 산에서 만들어 온 두 개의 지팡이로 걸음 연습을 시작했다. 아버지의 부축으로 겨우 일어서긴 했지만, 발을 떼려면 힘없는 다리는 자꾸만 앞으로 쓰러졌다. 무릎에 피 마를 날 없는 연습이 계속되어 드디어 내 발바닥에도 흙을 묻히게 되었다. 하늘이 한결 가까워진 느낌이었다.

그렇게 두 개의 지팡이에 의지해 입학했는데, 짓궂은 아이들의 장난으로 그만 하나가 부러지고 말았다. 곧 다시 만들어 주겠다던 아버지는 자꾸만 뒤로 미루셨고 그것이 하나의 지팡이에 적응시키려는 속뜻임을 나중에 알았다. 그때부터 하나의 지팡이는 한결같은 나의 그림자였고 또 나의 상징이기도 했다.

공장에서 기숙사 생활할 때였다. 어느 날 집에 다니러 갔더니 엄마는 지난밤 꿈에 내 지팡이가 보여 꼭 올 줄 알았다고 하셨다. 이렇듯 엄마의 꿈에도 딸보다 지팡이가 먼저 보일 정도였다.

그 후, 더 많은 돈을 벌 수 있다는 편물 기술을 배우려고 서울에 올라와 회식이 있던 어느 날, 술에 취한 남자들의 싸움으로 지팡이가 두 동강 나는 아픔을 또 겪었다. 억수 같은 비가 내리는 밤, 비참한 내 눈물을 하염없이 빗물에 씻은 날이기도 하다. 몸이 내 마음대로 움직여 주지 않는 만큼의 우여곡절과 함께 기술을 익혔다. 번 돈 대부분은 동생들의 학비로 보내며 생활은 빠듯했지만, 보람은 컸다.

그러한 시간이 흘러 스물일곱에 결혼했다. 사백만 원짜리 단칸방에서 신혼생활의 달콤함을 느낄 사이도 없이 맞벌이에 나섰다. 아이나 제대로 키울까 하는 걱정과는 달리 나는 두 딸을 키우면서도 또 다른 기술을 배웠다. 문고리를 채워놓은 방에서, 일하는 엄마와 함께 놀아야 했던 아이들의 머리에는 하얀 고깔모자 같은 먼지가 소복이 쌓이기도 했다.

두 아이를 어머님께 맡긴 후 오르내림이 불편해 공포에 가까울 만치 두려운 버스를 타고 몇 년간 출퇴근도 했다. 덕분에 결혼 7년 6개월 만에 열일곱 평 작은 아파트를 사고 베란다에 작업장도 꾸몄다. 나는 지금도 니트 옷을 만드는 '사시'라는 기술로 집에서 일하고 있다.

오늘은 마침 일감이 없어 홀가분한 마음으로 구경 갈 수 있었다. 출연 가수들의 활짝 웃는 모습이 담긴 대형 포스터가 걸린 장충체육관 앞에는, 이미 많은 사람으로 북적댔다. '효' 공연답게 관객 대부분은 부모님들이다.

"어머니 조심하세요."

잦은 골절을 당하는 어머님이 행여 사람들에게 밀려 넘어질까 걱정이다.

"나는 괜찮여. 너나 조심혀라."

어머님은 또 불편한 며느리가 염려스럽다. 이렇듯 두 개의 지팡이를 각각 짚은 고부는 서로 걱정하며 공연장 안으로 들어갔다. 삿갓처럼 둥근 체육관 천장은 무지갯빛 오색 천을 주름치마 두르듯 하고, 양옆으로 스크린이 설치된 무대가 웅장하다. 사람들은 자꾸 밀려와 김밥 속처럼 빈자리를 꼭꼭 채워나갔다. 이런 공연을 처음 접하는 어머님도 신기한 듯 주위를 두리번거리기에 바쁘시다.

드디어 무대 앞에 드리워진 휘장이 올라갔다. 화려한 조명이 번쩍거리고 음악은 신나게 쿵쿵거렸다. 공연은 남진 씨의 '님과 함께'로 시작되었다. 객석에서는 '우와~' 환호와 박수가 터지고 사람들은 흥겨움으로 어깨를 출렁거렸다. 흥이 많은 나도 힘껏 손뼉을 치며 노래를 따라 불렀다.

"어머님도 부르세요. 다 아는 노래잖아요."

노래를 곧잘 하는 어머님이 가만히 계시기에 함께 따라 부르길 원했지만, 이제는 목소리도 가라앉아 노래가 나오지 않는다며 끝내 한 곡도 부르지 못하셨다. 수술 후 자꾸 저리고 붓는 발이 또 불편하신가 보다. 의자 위에 올려놓고 주무르고 계신 어머님의 손을 가만히 빼고 내가 대신 주물러 드리려 하니 뼈만 남은 앙상한 발이 한 손에 쥐어진다. 순간, 이 작은 발을 동동거리며 고달프고도 서럽게 살아오신 어머님의 일생이 주제넘게도 가엽다는 생각이 든다. 그 세월 속에 사그라진 몸은 이제 지팡이를 친구로 들이고, "내 다리가 아프니 네 심정을 알겠다."며 나를 더욱 살갑게 대해주신다.

옆에 세워 놓은 내 지팡이를 가만히 내려다본다. 친구들의 장난에 부러지고 싸움판에 흉기가 되어 부러지기도 했다. 미끄러운 눈길과 질척거리는 빗길에 함께 넘어지기도 하며 온갖 수난으로 내 삶을 잘 지탱해 준 지팡이는 이제 나의 부끄러움이 아니다. 장애를 비관하며 주저앉아 울지 않았고, 편견의 눈동자가 벌처럼 쏘는 세상 속에서 더디고 힘들지만 쉬지 않고 걸었다. 외롭고 고독하고 또한 고통과 아픔과 시련의 길이었지만, 슬기롭게 헤쳐 왔다고 생각하는 나는 지금 행복하다.

비록 내 등에 한번 업어 키우지는 못했지만, 내 젖을 먹고 자란 두 딸은 장애인인 엄마를 부끄러워하지 않는다. 절룩거리는 모습이 보기 싫어 상가 유리창조차 쳐다보지 않던 내가 당당하게 나를 거울에 비춰보기도 한다. 내 존재의 가치가 가장 빛나는 때가 바로 지금이 아닐까 하는 생각도 하며, 나는 이제 내 곁에서 항상 나를 지탱해 준 지팡이처럼, 한 남자의 아내로 아이들의 엄마로 또 한집안의 며느리로서 내 가족의 지팡이가 되었다.

공연이 끝나고, 질박하게 살아온 두 여인인 등 굽은 시어머니와 절룩거리는 며느리가 공연장을 빠져나온다.

"덕분에 구경 잘 혔다."

빼놓지 않는 어머님의 인사와 함께 나란히 걷는 두 개의 지팡이가 정답다.

(2007. 장애인문학상 당선)

야쿠르트 아주머니

오랜만에 서울에서 따뜻한 인정을 만났다.

일터의 주차장 공사가 있는 날, 승용차 대신 장애인 전동스쿠터를 타고 출근했다. 스쿠터 둘 곳이 마땅치 않아 인도 한쪽에 세워두고 7층 근무지로 올라왔다. 보행에 지장을 줄 것 같진 않았지만, 행여나 하는 마음에 간간이 내려다보았다.

오후가 되자 스쿠터 옆에 카트를 세우는 야쿠르트 아주머니가 보였다. 스쿠터 때문에 각도를 잡느라 힘들어하고 있었다. '저곳이 아주머니의 영업장소였던가.' 오전엔 가정으로 배달하고 오후에는 저곳에서 행인을 상대로 장사하는 것 같았다. 영업에 지장을 주면 안 되겠기에 얼른 내려갔다.

"죄송해요. 장사하는 자리인 줄 몰랐네요. 다른 데로 옮길게요."
"아휴! 괜찮아요. 여기가 어디 제 자린가요."

아주머니가 손사래 치며 스쿠터를 빼지 못하게 앞을 가로막았다. 그 몸짓과 표정에서 진심이 느껴졌다. 하지만 나는 마음이 쓰여 선뜻 자리를 뜨지 못했다. 아주머니는 아무 걱정하지 말고 어서 들어가라고 자꾸 등을 떠밀었다. 푸근한 인상만큼이나 넉넉한 마음씨가 돋보였다. 사실 마땅히 둘 곳도 없었기에 못 이기는 척 사무실로 돌아왔다.

오후 네 시경이 되자 먹구름이 끼며 주위가 어둑해졌다. 바람까지 휘청대며 한바탕 비를 쏟아낼 것 같았다. 내내 쨍쨍하던 날씨가 왜 하필 오늘 험상궂게 변하는지, 밖을 내다보니 야쿠르트 아주머니가 큼지막한 종이 상자를 들고 종종걸음으로 길을 건너고 있었다. 비에 대비하려는 마음이 급한 듯했다. 잠시 후 시작된 비는 세찬 바람에 흔들리며 창문을 요란스럽게 두드리기까지 했다.

집에 갈 일이 난감했다. 스쿠터를 타고 족히 15분은 가야 한다. 우산을 써도 사선으로 들이치는 비를 피할 수 없을 것 같아 퇴근 전에 그쳐주기만을 간절히 바랐다. 다행히 비는 잠시 지나가는 소나기로 퇴근 전에 그쳐주었다.

6시가 되자 비에 젖은 스쿠터를 닦기 위해 화장지를 챙겨 밖으로 나왔다. 그런데 이게 웬일인가. 스쿠터가 종이 상자를 지붕처럼 이고 있었다. 심지어 날려가지 않도록 끈으로 단단히 묶여 있기까지 했다. 좌석도 마찬가지로 비닐에 덮여 꽁꽁 묶여 있었다. 덕분에 스쿠터는 보송한 상태를 유지하고 있었다.

이 선한 마음을 베풀어 주신 분은 아무래도 야쿠르트 아주머니 같았다. 아주머니가 들고 종종걸음치던 그 종이 상자가 스쿠터를 덮고 있지 않은가. 아주머니는 일찍 들어가고 없었다. 아마도 당신은 비를 피해 들어가며 내 스쿠터가 걱정되어 종이 상자를 들고 바쁜 걸음을 한 것 같다. 비닐과 노끈까지 구하느라 마음이 더 급했을 아주머니의 모습이 떠오른다.

타인을 위해 이렇게까지 마음 쓸 사람이 몇이나 될까. 게다가 아주머니는 오늘 처음 뵌 분이 아닌가. 외모에서 풍기는 선한 인상만큼이나 너그러운 인품이 짐작되었다. 스쿠터를 덮느라 비는 맞지 않았을지 진한 감동이 가슴을 뜨겁게 했다.

이튿날, 아주머니가 오시기를 기다려 1층 카페에서 준비한 시원한 과일주스를 내밀며 고마운 마음을 전했다. 아주머니는 그게 무슨 대수로운 일이라고 주스까지 주느냐고 겸연쩍어하셨다. 당신은 평소에도 눈에 띄는 것이 있으면 으레 살펴주고 있다며 그런 것쯤은 아무 일도 아닌 듯 말씀하셨다. 아주머니는 당신의 행동이 상대에게 얼마나 큰 도움과 감동을 주는지 모르는 것 같았다.

어쩌면 그것은 사시사철 길에서 장사하며 자연스럽게 체득한 일이라 대수롭지 않게 여기는 것이 아닐까 싶었다. 추운 겨울엔 매서운 바람과 싸우고 뜨거운 여름엔 이글거리는 태양과 맞서기도 하며 갑작스레 내리는 눈비는 또 몇 번이나 맞았을까. 그런 열악한 환경에서 겪은 다양한 경험이 상대의 어려움을 살피는 역지사지의 마음을 지니게 한 것 아닐까.

은혜란 베푼 사람은 대수롭지 않게 여길 수 있지만, 받은 사람은 가슴에 오래 간직하는 법이다. 원수는 물에 새기고 은혜는 돌에 새기라는 말도 있지 않은가. 그래서일까. 노숙자 시절 국수를 먹고 도망치는 자신에게 "뛰지 마. 넘어지면 다쳐."라고 말한 어느 국숫집 할머니에게 감동하여 몇 년 뒤 큰 사업가가 되어 감사의 마음을 전했다는 사연이 가슴을 울리기도 했다. 이렇듯 세상엔 아직도 따뜻한 마음을 지닌 사람들이 많다.

야쿠르트 아주머니의 선행은 우리의 삶이 그리 팍팍하지 않음을 다시 보여주는 것 같다. 복잡하고 바쁘게 흘러가는 도시의 삶이지만, 타인을 위한 배려의 손길은 아직도 꽃을 피우고 있었다. 곳곳에는 야쿠르트 아주머니와 같은 분이 많이 살고 있으리라. 그래서 세상은 여전히 살만한 곳이 아닐까 싶다.

(2023.)

구두를 고치며

　머리 조심이라고 쓰인 낮은 문을 옆으로 밀고 들어선다. 한 평 남짓한 컨테이너 안에는 오십 후반으로 보이는 아주머니가 구두를 손질하고 있다. 여인은 고개만 들어 힐끔 쳐다보고는 하던 일에 도로 열중이다. 손님을 맞는 그 표정 없는 얼굴이 검은 구두약만큼이나 무심해 보인다.

　"이 구두 고칠 수 있을까요?"

　굽이 닳고 발바닥 부분마저 떨어진 신발을 내보였다. 돋보기 너머로 눈을 치켜뜬 여인이 구두를 슬쩍 살피더니 "그것을 뭐 하러 고치려 해요. 그냥 하나 사 신으세요."라며 한마디를 툭 던진다. 구두 상태가 너무 어처구니없다는 듯 퉁명스럽다.

　딸의 신발이 부쩍 자주 떨어진다. 패밀리 레스토랑의 아르바이트가 그만큼 힘들다는 방증일 것이다. 딸은 수능시험이 끝나자 곧바로 돈을 벌겠다고 나섰다. 설거지 한번 제대로 해보지 않은 아이가 식당에서 무슨 일을 한다는 건지. 그것도 고등학교도 채 졸업하지 않은 어린 나이로…. 그 일이 결코 마음처럼 할 수 있는 일이 아님을 이야기해 주었다.

딸은 "설마, 엄마 아빠가 일하는 것보다 더 힘들겠어?"라며 당찬 각오를 밝혔다. 딸의 뜻밖의 말에 적잖이 당황했다. 마냥 어린 줄 알았는데 어느새 엄마의 다부진 삶을 어깨너머로 배운 것 같았다. 엄마의 눈엔 마냥 행동이 굼떠 보이는 딸이 날마다 호된 꾸지람이나 받지 않을지. 자칫 자존감마저 잃어버릴까 걱정이었다. 딸은 끝내 일을 시작했고 염려와는 달리 꿋꿋이 잘 견뎌냈다. 영하 10도를 밑도는 추위에도 씩씩하게 일을 나갔다.

삼 주쯤 지났을까. 신발이 떨어져 새로 사야 한다고 했다. 그곳은 근무 시 항상 검은 구두를 신어야 했다. '무슨 신발이 벌써 닳지?' 믿지 못하는 내게 딸이 내민 구두는 몹시 놀라웠다. 뒤축은 물론이고 발바닥 부분까지 닳아 너덜너덜했다.

일하면서 탭댄스를 추는 것도 아니고, 행진하듯 발바닥을 탕탕 구르며 걷는 것도 아닐 텐데 어떻게 이처럼 닳는지 의아했다. 그 후로도 구두는 한 달이 채 못 되어 해지곤 했다.

"엄마, 내가 가게 안을 얼마나 많이 돌아다니는 줄 알아?"

자리를 안내하고 주문받고 빈 그릇을 치우며 손님 시중을 드는 일이 잠시도 쉴 틈을 주지 않는다고 했다. 그렇게 예닐곱 시간을 다람쥐 쳇바퀴 돌듯하면 다리는 또 얼마나 붓고 아플지, 그제야 딸이 얼마나 힘들게 일하는지 어렴풋이 알 것 같았다.

아이는 삼백예순날 일을 벗 삼는 엄마를 보고 자랐다. 일하는 엄마 옆에서 놀다가 재봉틀에 손을 찧기도 했다. 아장아장 걷는 아이가 호기심에 손가락을 넣은 것을 보지 못했다. 자지러지는 아이의 손톱은 이내 새까매졌고, 그 손톱을 바라보는 내 마음도 숯덩이처럼 탔던 그날의 기억이 지금도 생생하다.

기우뚱거리며 걷는 엄마의 고르지 못한 숨소리가 양수의 파동으로 전해졌을까. 아이는 엄마의 한쪽 다리가 불편함을 알고 태어난 듯 업어달라고 칭얼대지 않았다. 뒹굴다가 혼자 잠들고, 부스럭거려 쳐다보면 슬그머니 일어나 놀고 있었다. 빠듯한 형편으로 무엇 하나 제대로 해주지 못했건만, 어느덧 알알이 속을 채운 석류처럼 알차게 자라주었다.

"그러면 이건 새 구두인데 여기에다 밑창을 좀 대어 주세요."

바닥에 밑창을 덧대면 한결 오래 신을 수 있다기에 들고 온 새 구두를 내민다. 발바닥 모양의 쇠붙이에 구두를 끼워 쾅쾅 못질 하던 아주머니가 "구두 수선공 이십 년에 그같이 바닥이 닳은 것은 처음 봤소. 도대체 구두를 어떻게 신었기에 그 모양이 되 얏소?" 하며 갑자기 낡은 구두의 내력을 묻는다.

아르바이트하는 딸의 이야기를 들려주자 잠시 생각에 잠기 던 아주머니가 구두를 다시 꺼내 보라고 한다. 그처럼 닳은 것은 손대기가 어려워 꺼렸는데 딸이 기특해 고쳐주지 않을 수 없겠단다. 갈래갈래 떨어진 바닥에 접착제를 발라, 한 겹 한 겹 잇대는 아주머니의 손길이 자못 진지하다. 그리고 보니 접착제가 덕지덕지 묻은 여인의 손이 거북등처럼 거칠고 딱딱해 보인다.

딸의 낡은 구두에서 자신의 고단했던 삶이 반추되었을까. 당신 삶의 내력을 누에고치처럼 풀어놓는다. 이 일을 하게 된 것은 구두 수선공이었던 남편이 간경화로 세상을 뜬 뒤부터라고 한다. 오랜 투병 생활로 빚만 남기고 간 남편을 원망하거나 슬퍼할 사이도 없이 일을 시작했지만, 두 아이를 데리고 살아갈 길이 막막해 한강 다리 난간에 서서 하염없이 강물을 바라보기도 했단다.

남의 해진 신발은 무수히 고쳐주었지만, 정작 당신의 가슴에 난 상처는 단 한 바늘도 꿰매지 못했으리라. 한 평 남짓한 공간을 당신만의 우주로 삼고 지냈을 아주머니의 그 지난한 삶이 슬며시 연민의 정으로 다가온다. 그냥 버려도 아깝지 않을 구두가 여인의 여문 손끝에서 새 모습이 되었다. 반짝반짝 빛을 내며 한껏 멋까지 부리고 있다.

요즘처럼 물자가 넘쳐나는 세상에 누가 이처럼 낡은 구두를 고칠까. 현대인들은 옷이나 가방, 신발 등이 떨어져서 버리기보다는 유행이 지나거나 싫증이 나서 버리는 경우가 더 많지 않은가. 명절이나 되어야 겨우 새 운동화 한 켤레를 얻어 신던 내 어릴 때의 추억은 이제 아련한 기억으로 남아 있다. 모양과 색깔,

종류별로 갖추어 놓고 옷차림과 분위기에 따라 멋을 내는 시대인데, 명품도 아닌 낡은 구두를 고치려 했으니 혹여 내 알뜰함이 궁상으로 비쳤을지도 모르겠다.

삶의 저 밑바닥에서 가장 정직하게 살아가는 것이 구두가 아닐까. 기쁠 때는 가볍고 경쾌하게, 슬플 때는 느리고 무겁게, 화가 날 때는 땅을 쿵쿵 굴러 걷기도 하며 희로애락을 발끝으로 느끼며 산다. 이유 없이 돌부리에 걷어채기도 하며 거친 자갈밭이나 질척한 진흙밭이라도 소리 없이 가는 것이 구두의 운명이리라. 또한, 주인을 묵묵히 따르는 순종의 미덕과 제 역할에 충실하고 성실함도 동시에 지니고 있다.

힘겨운 인생을 파도 타듯 출렁이며 넘어온 아주머니, 장애에 굴복하지 않으려 억척스럽게 견딘 나의 삶, 대학 등록금 마련을 위해 신발이 다 해지도록 일하는 딸의 모습이 구두에 투영된다.

까다로운 작업을 해 준 고마움에 천 원짜리 몇 장을 더 얹어주자, 아주머니는 아이가 기특하다며 오히려 잔돈을 깎아주겠다고 손사래를 친다.

구두가 담긴 까만 비닐봉지를 들고 낮은 문을 밀고 나오니 봄볕이 따사롭다. 겨울을 지나온 햇살이 이제 막 연초록 잎을 틔우는 중이다. 꿈의 날개를 펴는 내 딸의 앞날에도 초록 잎새가 무성해지기를 빌어본다.

(2010. 한국방송통신대학교 '문연' 공모전 우수상)

도서관의 하루

무더위가 기승이다. 팔월의 첫날은 서울 낮 최고 기온이 39.6도까지 오르며 기상관측 이래 가장 높은 기온을 보이기도 했다. 새벽까지 30도 아래로 떨어지지 않은 것도 백십일 년 만이라니 폭염이 가히 재난에 가까운 수준이다. 계속되는 불볕더위에 도서관을 무더위 쉼터로 사용하면 좋겠다는 생각이 들었다. 평소 이용자가 없어 가동하지 않는 바로 옆 북 카페에 에어컨을 틀어 놓고 무더위를 피해 가라는 안내문을 붙였다. 효과는 바로 나타났다. 기존의 도서관 이용자는 물론이고 처음 보는 분들도 와서 쉬거나 한나절씩 책을 읽고 갔다.

내가 일하는 작은 도서관은 조용한 도서관과는 분위기가 사뭇 다르다. 간이벽 너머의 강당에서는 아침마다 단전호흡과 요가를 하고, 각종 회의나 행사를 자주 해 그 어수선함이 그대로 전해지기 때문이다. 그런 까닭에 이용자들은 주로 대출과 반납만 하는 편인데 요즘은 폭염을 피해 오는 발길이 잦다.

도서관 문을 열자 제일 먼저 아동 지킴이를 하는 어르신들이 기다렸다는 듯이 들어오신다. 아침부터 내리쬐는 열기에 벌써 지친 표정이다. 이분들은 초등학생들의 등·하굣길이나 놀이터 등에서 어린이의 안전을 지키는 분들인데 찜통더위를 피해 잠깐씩 도서관을 찾곤 한다. 본래 근무 시간이 오후였지만 어르신들의 건강을 염려해 조금 덜 뜨거운 오전으로 시간을 변경해주었다고 한다. 하지만 아침부터 찜통이니 일찍 도서관을 찾아오신 것이다. 이분들에게는 더위를 피할 공간이 있다는 것이 얼마나 다행일까 생각하며 커피 한 잔을 타 드렸다.

잠시 후, 한 어머니가 초등학교 저학년으로 보이는 사내아이 두 명을 데리고 오셨다. 그런데 잠깐 사이 어머니는 보이지 않고 아이들만 책을 읽고 있었다.

"얘들아, 엄마는 어디 가셨니?"

"병원에 가셨어요. 그동안 우리보고 책 읽고 있으라고 한 거예요"

방학이라 아이들을 맡길 곳이 마땅치 않았나 보다. 아이들이 책을 읽으며 안전하게 기다릴 수 있고 시원하기까지 한 도서관을 생각해 낸 어머니의 지혜가 돋보였다.

오늘은 옆 강당에서 도시재생사업에 관한 교육을 하는 날이다. 왁자지껄 사람들이 모여드는 가운데 교육에 참여하는 두 어머니가 대여섯 살짜리 아이 네 명을 데리고 와서 또 도서관에서 기다리게 한다. 족히 한 시간은 기다려야 할 것 같아 옆의 북 카페로 안내하고 그림책을 갖다주었다. 하지만 고만고만한 아이 네 명이 모였으니 조용할 리가 없다. 이내 티격태격하는 소리가 들리고 급기야 한 아이가 울음을 터뜨렸다. 얼른 나가서 아이들을 달래고 보니 도서관이 마치 아이들의 돌봄 교실이 된 듯하다.

이곳에서 8개월가량 일하는 동안 새로운 회원이 많이 늘었다. 늘 기름 냄새를 풍기며 오는 아주머니도 그중 한 사람이다. 어느 날 와서 "책을 어떻게 빌려요?"라고 물었다. 도서관 회원으로 등록부터 해야 한다며 아이디를 물었다. "아이디요?" 마치 처음 들어보는 말인 양 고개를 갸웃하며 바로 나가기에 별 관심을 두지 않았다. 며칠 후 종이에 아이디를 적어와 등록을 하겠다고 했다. 누구에게 물어서 적어 온 듯했다. 하지만 비밀번호는 생각지 못했는지 한참의 고심 끝에 겨우 정해 어렵사리 가입시켰다.

"이제 회원이 되었으니 읽고 싶은 책 골라보세요?"라고 하자 "저 책을 잘 몰라요. 대신 좀 찾아 주세요." 순간 의아해진 나는 이 아주머니가 과연 책을 읽을 수나 있을까, 하는 의구심으로 비교적 쉽게 접할 수 있는 수필집을 권했다. 그런데 일주일도 채 되지 않아 반납하러 왔다. 그 후, 열흘 간격으로 꼬박꼬박 두 권씩 빌려 가며 지금은 소설도 거뜬히 읽는다. 처음엔 "책이

어땠어요?"라고 물어도 빙긋이 웃기만 하더니 얼마 전부터는 줄거리와 느낌을 이야기하며 내게 읽어보라고 권하기까지 한다.

정오 무렵이 되자 후끈 달아오른 해가 더욱 뜨거운 열기를 내뿜는다. 이때쯤이면 줄줄 흐르는 땀을 닦으며 오는 분들이 있다. 더위를 피할 목적으로 와서 매일 책을 읽고 가는 최근의 단골들이다.

"여기서 책 좀 읽어도 될까유? 집에서는 더워서 도저히 못 읽겠네유."

여행 관련 책을 주로 빌려 가는 팔십 대 어르신도 뒤따라오셨다. 교직에 계셨다는 이 어르신도 내게 책 추천을 원하는 대표적인 분이다. 여행에 관련된 책이 더는 없어 역사 기행이나 문화탐방에 관한 책을 권해도 항상 좋은 책을 찾아 주어서 고맙다고 인사하신다. 반납할 때도 덕분에 재미있게 잘 읽었다는 인사를 잊지 않아 일하는 보람을 더욱 느끼게 해준다.

오후 2시쯤에는 어느 관공서의 취업을 위해 이력서를 준비한다는 한 아주머니가 헐레벌떡 뛰어오셨다. 이력서를 출력해야 하는데 화면에는 한쪽으로 보이는 문서가 출력만 하면 자꾸 두쪽으로 나뉘어 인쇄된다고 도움을 청하셨다. 이 현상은 인쇄 방식에서 2쪽씩 모아찍기로 설정된 탓인데 기본 인쇄로 바꿔주기만 하면 되는 간단한 문제였다. 하지만 알면 쉽지만, 모르면 그만큼 답답한 일이 또 어디 있겠는가. 오늘 마감인 서류를 들고 얼마나 애를 태웠을지 짐작이 간다. 감사하다는 인사를 거듭하며 서둘러 나가는 아주머니의 뒷모습을 보며 합격을 기원했다.

올 때마다 과자나 사탕을 가져와 심심할 때 먹으라고 주시는 또 다른 어르신, 해외여행에서 사 온 특산품을 맛보라며 건네는 오십 대 아주머니, 종종 과일주스를 만들어 주는 논술 선생님, 시원한 오렌지 주스를 슬그머니 건네는 멋쟁이 신사까지…. 내가 일하는 도서관에는 이처럼 따뜻한 인정이 넘쳐난다.

어떤 이유로든 도서관 이용자가 늘었다는 것은 반가운 일이다. 도서관의 존재 가치인 독서문화가 이런 까닭으로 조금씩 늘어나는 것이 아닐까. 스마트폰에 설치한 통합도서관 애플리케이션은 더욱더 손쉬운 도서 검색과 대출 서비스를 제공한다. 이곳 도서관의 존재조차 몰랐던 사람들이 도서 검색을 통해 하나둘 찾아오고, 좋은 책이 많은 도서관으로 점점 소문나고 있다. 이는 그냥 꽂혀만 있는 책 4,000여 권을 서둘러 도서관 프로그램에 등록한 보람이기도 하다.

어느덧 퇴근 시간이 다가온다. 사람들도 하나둘 일어선다. 오늘은 도서관이 무더위 쉼터가 되고, 돌봄 교실이 되고, 문제해결의 장소가 되기도 했다. 북적거리는 도서관의 활기로 더욱 일할 맛이 난 하루였다.

(2018.)

졸업

초등학교를 마친 후, 다시 졸업이라는 단어 앞에 선다. 만학으로 4년간 책과 치열한 싸움을 끝낸 후 드디어 졸업을 맞게 되었다. 졸업식은 잠실 올림픽경기장 올림픽홀에서 2시에 열린다. 11시경에 도착하니, 경기장 앞은 벌써 졸업생과 축하객이 어우러져 북적이고 마당엔 학과별로 부스가 마련되어 있다. 후배들이 선배들의 졸업을 축하하기 위해 따뜻한 차와 다과를 준비하고 있는 공간이다. 국어국문학과를 찾아가니 후배들이 꽃을 들고 반겨준다.

졸업 가운을 입고 학사모를 쓴다. 이게 진정 나의 학사모인가. 만감이 교차한다. 몇 년 전, 큰딸의 졸업식에서 딸이 고맙다는 의미로 학사모를 씌워 주었을 때 '나도 이런 학사모를 쓸 수 있을까'라는 막연한 생각을 했었다. 그런데 그게 현실이 되다니 정말 꿈같은 일이 아닐 수 없다.

동기들이 도착한다. 후배들이 사진을 찍어주겠다고 나서고 우린 국어국문학과 현수막이 보여야 한다며 호들갑을 떤다. 왜 아니겠는가. 시험 때마다 푸석푸석한 얼굴로 나타나 문제 풀이에 온 신경을 쓰며 얼마나 애를 썼던가. 주부, 엄마, 아내로, 일 인다역에 학생 신분까지 더했으니 4년을 거의 초주검과 같은 날들을 보내지 않았던가. 스스로 다독였던 시간이 벅찬 감동으로 마침내 얼굴에 환한 꽃을 피웠다. 순간순간은 힘들었지만 4년이란 시간은 참 빠르게 흘러간 것 같다.

2012년 1월 30일, 한국방송통신대학교 국어국문학과 합격 통지를 받고는 내가 대학생이 된다는 사실이 믿기지 않았다. 사십 대 중반까지 초등학교 졸업생이었던 나는 언젠가는 꼭 공부에 대한 꿈을 이룰 것이라는 열망을 안고 살았다. 그 시점을 두 딸이 모두 대학교를 졸업한 후로 잡았는데, 문학 카페에서 만난 문우 덕분에 조금 앞당겨졌다. 본인이 검정고시 학원에서 공부한 책이라며 보내준 것이다. MBC 여성시대 신춘편지 쇼에서 대상을 받을 정도로 빼어난 글을 쓰는 분이라 학력이 낮을 거라곤 상상하지 못했다. 적잖이 놀라는 내게 당신도 공부가 평생의 숙제였다며 미애 씨 정도면 충분히 혼자서도 할 수 있을 거라며 용기를 심어주었다.

중학교 과정은 무난히 통과했다. 언젠가 내가 할 공부라고 생각하며 아이들의 학습을 봐 준 게 큰 도움이 된 것이다. 그분이 또 고등학교 책을 보내주었다. 고등학교 과정은 혼자 하기가 힘들 것 같았지만, 의외로 쉽게 통과하고 그분처럼 대학교 문까지 두드리게 되었다.

대학 공부는 아무래도 혼자 하기가 벅찰 것 같아 학습 전문 동아리를 찾았다. 오롯이 공부에만 도움을 준다니 기초가 부족한 내게 안성맞춤이었다. 차를 세 번이나 갈아타고 편도 2시간이 족히 걸리는 먼 거리였지만 개의치 않았다. 뛰어난 실력을 갖춘 3학년 선배의 강의는 내 눈을 초롱초롱 빛나게 했다. 그곳에서 만난 동기들이 끈끈한 정을 이어갔다. 출석 수업이나 기말 고사장에서 만나면 서로 격려하고 용기를 북돋웠다. 시험이 끝나면 함께 식당이나 찻집으로 몰려가 온통 공부 이야기로 수다를 떨었다.

과제물 제출이 끝나면 교과서에서 배운 김유정이나 윤동주 작가의 문학관을 찾아 작품을 논하기도 했다. 모꼬지와 학술제에 참석해 교수님과 1박 2일을 함께 보내기도 하고, 교수님과 함께 연극을 보러 다니는 것도 대학 생활의 한 백미였다.

직장 다니느라 부족한 공부시간은 자투리 시간을 활용했다. MP3에 방송강의를 저장해 수시로 들었다. 벽마다 요약 쪽지를 덕지덕지 붙여놓고 때때로 외우기도 했다. 두 딸이 무식한 공부 방법이라고 핀잔했지만 내겐 우직한 그 방법이 통했는지 장학금도 받았다.

그러자 학생회에서 강의 요청이 왔다. 내 공부하기도 바쁜 3학년 신분으로 후배들의 학습을 봐 주기 시작했다. 조사가 뭔지도 몰랐던 내가 문법을 조곤조곤 설명하고 있다니 천지가 개벽할 일이었다. 내 글이 국어국문학과 전국 문예 공모전에서 우수상을 받기도 하고, '꿈꾸는 가방'이라는 글이 학보에 실리기도 했다. 4학년 때는 문화국장이라는 학생회 임원을 맡아 매년 열리는 작품 공모전을 주관하고 그 작품으로 『통문』 제26집을 엮어내기도 했다.

지난 4년을 돌아보면 참 많은 활동과 봉사도 했다. 극한 상황에서도 하고자 하는 의지만 있으면 어떻게든 이루어 낸다는 것을 또 한 번 느꼈다. 내 삶은 늘 도전과 극복의 반복이 아니었던가. 그 덕분에 꿈만 꾸던 나의 가방도 드디어 학문의 꿈을 채우게 되었다.

비단 나뿐이겠는가. 방송대는 대부분 늦깎이 학생이 일생의 꿈을 찾아오는 경우가 많다. 그래서일까. 어려운 여건 속에서도 자신의 한계에 도전해 오늘의 결과를 이루어 낸 학우들이 자랑스럽다는 총장님의 축사가 코끝을 시큰하게 한다. 교수님도 매년 늦깎이 학생들을 졸업시키며 얼마나 큰 보람을 느끼실까.

졸업식이 끝나고 밖으로 나왔다. "야! 졸업이다." 누가 먼저랄 것도 없이 외친다. 학사모가 높이 날아오른다. 졸업은 새로운 시작, 우리는 또 다른 꿈을 꾼다.

(2016.)

요리하는 남자

팔월의 주말 오후다. 근처 텃밭에 갔던 남편이 두 손 가득 짐을 들고 왔다. 꾸러미를 식탁 위에 올려놓고는 익숙한 몸놀림으로 싱크대 앞에 선다. 주방과 마주한 방에서 컴퓨터를 만지작거리는 아내는 아랑곳없이 직접 요리할 모양이다. 남들이 보면 이상한 풍경일 테지만 요즘 우리 집 주부는 남편이다. 점심도 남편이 요리한 국수를 먹었다.

손칼국수 정도는 아이들이 어릴 때부터 직접 반죽해서 병으로 밀어 끓여주곤 했다. 그러자 세 살배기 딸이 소주병을 보면 아빠에게 먼저 갖다주곤 했다. 이처럼 국수나 라면 등은 손수 끓여 먹기를 좋아했는데 거의 전적으로 요리를 맡게 된 것은 몇 년 전부터이다.

오월, 가정의 달을 맞아 회사에서 어르신을 위한 야외 공연을 했다. 넓은 운동장을 빌려 인기가수를 초대하고 1,500여 명의 관객을 모실 정도로 큰 행사였다. 종일 입구에서 안내를 맡았던 나는 다음 날부터 오른쪽 넓적다리가 뜨끔거리며 한발 떼기가 어려울 정도로 아팠다. 성치 않은 몸으로 앉았다 일어서기를 반복하며 무리가 갔나 보았다. 그러자 남편이 손을 걷어붙였다. 평소에도 종종 밥을 차려 먹던 터라 주방을 낯설어하지 않았고 싱크대와 거의 한 몸이 되어갔다.

날마다 음식솜씨가 늘어나 찌개나 탕은 물론이고 김치까지 담근다. 점점 못 하는 요리가 없고 게다가 맛도 좋다. 주말농장에서 직접 키운 열무로 담근 김치는 감탄 그 자체다. 국물이 자작한 김치가 시큼하게 익을 때면 그 진가는 더 빛난다. 김칫국물에 국수를 말아 얼음을 동동 띄워 먹으면 더위가 어느새 저만치 달아나고 마는 것이다. 남편은 상추 줄기로도 김치를 담갔다. 상추를 다 따 먹은 줄기와 꼭지 부분이 아까워 담갔다는데 알싸한 상추 맛이 열무김치에 비할 바가 아니다. 알고 보니 궁채라고 하는 상추 줄기는 볶음, 무침, 장아찌로도 훌륭한 요리가 된다고 한다.

오늘은 어떤 요리를 하나 궁금하여 슬쩍 나가보았더니 육개장을 끓이고 있다. 또 자기만의 방식으로 솜씨를 뽐내려나 보다. 이 요리에는 남편만의 비법이 있다. 시중에 나온 포장된 육개장에다 각종 재료를 첨가해 더 깊은 맛을 내는 것이다. 주부들도 버거워하는 요리를 번뜩이는 아이디어로 뚝딱 만들어 내는 남편의 재치가 기발하다. 이후 육개장은 집에 손님이 올 때마다 끓이는 남편의 주요리가 되었다.

식탁에는 잘게 찢어놓은 고기와 토란대, 느타리버섯, 대파가 나란히 앉아 맛을 낼 준비를 하고 있다. 옆에는 밭에서 따온 오이와 깻잎, 방울토마토가 있다. 그런데 대패삼겹살은 또 뭔가? 웬 고기냐고 묻자, 삼겹살은 저녁에 먹고 육개장은 내일 아침에 먹을 거란다.

육개장이 큰 냄비가 넘칠 정도로 끓고 있다. 남편이 먹는 양도 적고 나는 아침을 거른 채 저녁 한 끼만 겨우 먹는 정도인데 요리는 항상 이렇게 푸짐하다. 제발 먹을 만큼만 하라고 해도 듣지 않는 남편에겐 따로 속셈이 있다. 작은 것 하나도 나눠 먹기를 좋아하는 사람이라 이 요리도 근처에 사는 친구에게 갖다 줄 계산을 먼저 한 것이다.

남편의 최대 행복은 바로 자신의 노력으로 일구거나 만든 것을 나누어 먹는 것이다. "어쩌면 농사를 그렇게 잘 지었느냐? 요리는 왜 또 그리 잘하느냐? 김치 맛이 끝내준다." 등의 칭찬에서 가장 큰 보람을 느낀다.

개인택시를 운행하며 사흘에 하루씩 쉬는 남편은 종종 나의 퇴근 시간에 맞춰 밥상을 차려놓기도 한다. 밭에서 거둔 채소를 송송 썰어 종류별로 대접에 가지런히 담아 밥을 비벼 먹으라고 내놓는가 하면 시원한 콩국수를 만들어 놓기도 한다. 상추를 따온 날에는 삼겹살 먹을 준비까지 완벽하게 해 놓고 기다린다. 한번은 남편이 차려준 밥을 같이 먹는데, 남편이 갑자기 껄껄 웃었다. 영문을 몰라 눈을 동그랗게 뜨자 자기가 만들어준 음식을 내가 맛있게 잘 먹어 기분이 좋아서란다. 이런 기분은 주로 주부들이 느끼는 행복 아닌가. 나는 거꾸로 된 우리 집 밥상 풍경에 어이가 없어 더 크게 웃고 말았다. 그렇다고 남편의 요리가 매번 맛있는 것은 아니다. 수고에 대한 고마움으로 맛있는 척을 해줄 때도 있는데 남편은 순진하게 그것을 다 믿는 눈치다.

불편한 몸이 나이 들수록 더 움직이기 힘들어지는 때에 요리하는 남편이 있어 얼마나 다행인가. 재활용이나 음식물 쓰레기 버리는 일은 애초에 남편의 몫이었고, 자잘한 심부름까지 도맡아 하며 나의 다리 역할을 훌륭히 해주고 있다.

부부란 이렇게 서로의 부족한 점을 채우며 살아가게 마련인가보다. 남편의 건강한 몸과 비교적 명석한 나의 두뇌가 서로를 보완하며 열심히 살았다. 남편은 먹을 것으로 아이들에게 사랑을 표현하고, 나는 아이들의 성장에 따른 모든 문제와 집안 경제를 책임졌다. 부모가 각자 가진 역량으로 최선을 다하는 모습을 보고 자라서일까. 아이들도 자기 몫을 훌륭히 해내는 사람으로 성장했다.

그러는 사이 우리 부부의 머리에도 서리꽃이 피었다. 티격태격하던 입씨름도 한결 줄어들었다. 두 딸도 결혼과 독립으로 집을 떠나고 나이 든 부부 둘만 남아서 남편은 요리하고 아내는 그 요리를 맛있게 먹으며 인생 후반을 호젓하게 장식하고 있다.

글을 쓰면서 힐긋 주방을 바라본다. 육개장이 거의 다 되었는지 고기 싸 먹을 채소를 씻고 있다. "좀 도와줄까요?" 미안한 마음에 슬쩍 한마디를 건넨다. "됐어. 글이나 써." 애초에 내겐 기대도 없는 듯하다.

어느새 밥상이 다 차려졌다. 식탁에 휴대용 가스레인지가 놓이고 상추와 깻잎, 파채가 접시에 가지런히 담겨 있다.

"아이고! 우리 신랑 고생했네." 너스레를 떨며 주방으로 나간다. 남편이 식탁 의자에 앉는 내게 간을 봐달라며 육개장을 한 수저 떠 손을 받쳐 내민다. "오! 간도 딱 맞고 맛도 아주 좋은데요." 마치 이런 맛 처음이라는 듯 과장된 표정을 짓자 남편의 입꼬리가 귀에 걸린다. 기분이 좋아진 까닭일까. 고기도 직접 구워서 자꾸 내게로 밀어준다. 자기의 요리를 마주 앉아 먹어줄 사람이 있어 행복한 남편과 요리하는 남편 덕분에 편안한 식사를 맞이하는 아내의 평화로운 저녁이 봉화산을 감싼 노을 속으로 젖어 든다.

(2020.)

몸의 경고

거센 폭풍우가 휩쓸고 간 바다에 어느덧 깊은 고요가 찾아온다. 지금 내 삶이 그런 평화로운 바다와 같다고 생각했다. 장애인으로 살아가는 동안 우여곡절이 많았지만, 굴하지 않고 열심히 살다 보니 황혼으로 접어든 삶이 무척 평온하게 느껴진 것이다.

예전엔 장애 때문에 힘들었지만 복지가 좋아진 요즘은 장애 덕분에 살아간다. 매년 장애인에게 주어지는 일자리는 안정된 소득을 보장한다. 컴퓨터 앞에서 편하게 일하니 기술직으로 힘겹게 일하며 아등바등 살던 때를 생각하면 지금은 꽃피는 봄날이 아닌가 싶다. 삶이 참 편안해 보인다고 주위의 부러움까지 샀는데, 그 시간이 한낮의 꿈처럼 지나갔다.

건강검진에서 유방암이 발견되었다. 이게 무슨 일인가. 모유

수유를 하면 유방암에 잘 걸리지 않는다는 말도 헛말인가. 두 딸 모두 모유를 먹였기에 너무 마음을 놓고 있었던 걸까. 뜻밖의 발병에 어안이 벙벙했다. 스트레스가 만병의 근원이라던가. 생각해 보면 나는 스트레스를 그리 받는 사람이 아닌 것 같다. 웬만한 일은 툴툴 털어버리고 시시비비를 가리는 소모적인 논쟁도 하지 않는 편이다. 늘 활기차고 긍정적인 에너지로 매사에 적극적인 편이라 주위에서 더 놀랐다.

흔히 먹고살 만하면 병에 든다고 한다. 그만큼 살기에 바빠 몸을 돌보지 않았다는 증거일 테다. 나 또한 그런가. 돌아보니 참 열심히 살았다. 장애와 맞서고 나 자신을 딛고 일어서기 위해 나와의 싸움을 끝없이 했다. 기우뚱 걷는 내 모습에 좌절하지 않으려고 부단히 애썼고, 넉넉지 않은 살림을 꾸려가느라 손에서 일을 놓아본 적도 없다. 그 덕분에 생활이 조금씩 나아져 그토록 열망하던 공부의 꿈을 이루고 생각지 않던 문학인도 되었다. 두 딸도 때맞춰 제 짝을 찾아 떠났으니, 인생의 숙제를 다 마친 듯 마음이 홀가분했다. 이대로 별일 없이 살 수 있기를 바랐는데….

부랴부랴 치료할 병원을 찾았다. 의사 파업으로 기본 서너 달을 기다려야 하는데, 운 좋게도 한 달 후인 2월 10일에 예약이 가능한 병원이 있었다. 게다가 유방암의 명의라고 하니 마음이 놓였다. 진료 날, 의사 선생님은 당신은 예약자가 많으니 3월 초에 다른 의사에게 수술받을 것을 권했다. 그만큼 촉박한 상황인

가. 눈치를 살피며 3월 20일로 예정된 일본 가족여행 계획을 밝혔다. 선생님은 그렇다면 다녀와서 하자고 수술일을 4월 10일로 잡아 주었다.

이 상황에서 치료가 최우선이겠지만 미리 계획된 일본에 사는 작은딸 집 방문도 포기할 수 없었다. 딸이 일본으로 시집간 지 6년, 딸 집 방문이 코로나로 한차례 취소되었기에 또다시 취소된다면 서로 실망이 너무 클 것 같았다. 게다가 병까지 걸려 이번에 못 가면 영영 못 갈 것 같은 불안감이 들었다. 죽어도 딸 집은 한번 가 보고 죽어야지 하는 마음이 들었다고나 할까.

일본 여행은 뜻깊고 재미있었다. 딸이 알콩달콩 잘 사는 모습을 보니 그저 기특하고 고마웠다. 인터넷 지도로만 보던 곳을 실제로 와보니 감회가 새로웠다. 손녀가 자주 가는 놀이터를 돌아보고 지도위에서 함께 걸어갔던 편의점에 가서 간식도 샀다. 딸의 생활 반경에 나의 흔적을 남기며 딸이 엄마와 함께 한 시간을 간간이 떠올렸으면 하고 바랐다.

두 딸은 엄마 아빠가 또 올 수 있을까, 하여 여행 계획을 알뜰히 세웠다. 미리 빌려 놓은 전동 휠체어는 나의 편안한 이동을 도왔고, 덕분에 드넓은 디즈니랜드도 불편 없이 즐겁게 구경할 수 있었다. 미나토 미라이에서 꽃놀이 배를 타고 바다를 누비며 색다른 추억도 만들었다.

일본에 다녀오니 마음 편하게 종합 검사를 할 수 있었다. 다행히 병이 더 진행되거나 전이된 곳이 없어 계획대로 입원하고 수술받았다. 수술은 잘 끝났고 회복도 빨랐다. 간병인은 내가 긍정적이라 회복이 빠르다고 했다. 3주 후, 정확한 병명과 병기가 나왔다. 유방암도 여러 종류가 있는데 내 병은 호르몬수용체양성으로 나왔다. 이 병은 호르몬 치료제로 효과적인 치료가 가능하고 재발률도 낮은 편이라고 한다. 병기도 1기라 항암치료는 필요치 않고 방사선 치료만 20회 하면 된다고 했다. 우려했던 항암치료를 하지 않는 것만으로도 얼마나 다행인지….

방사선 치료는 매일 받았다. 직장을 놓지 않았기에 아침 일찍 병원 가서 치료받고 출근하는 일이 힘들었지만, 하루하루 달력을 지워나가다 보니 어느새 끝이 났다. 이제 약을 잘 챙겨 먹으며 관리만 하면 된다. 음식 조절도 잘해야 할 것이다.

히포크라테스는 음식으로 고치지 못하는 병은 약으로도 못고친다고 했다. 음식에 관한 공부를 해보니 그동안 내가 얼마나 안 좋은 음식을 먹고 살았는지 알 것 같다. 빵이나 떡, 밀가루와 설탕, 붉은 고기, 각종 인스턴트식품 등을 멀리하고 대충 때우던 식사 습관도 바꿨다. 아침마다 신선한 채소와 과일을 쪄서 갈아 먹으니 속이 편하고 몸도 가볍다. 달걀과 콩, 두부 등으로 단백질을 챙기고 기타 영양도 신경 쓴다.

나를 아껴주는 어떤 분은 "그 병은 나 아파. 내게 신경 좀 써줘"라며 나에게 관심 가져달라는 목소리라고 했다. 그만큼 힘들었다는 것을 몸이 대신 말해주는 것이니 앞으로 가족과 주변의 사랑을 듬뿍 받을 거라고 위로했다.

그럴지도 모른다. 나는 내 장애로 인해 누군가에게 부담 주는 것을 몹시 꺼렸다. 아무리 힘들어도 스스로 헤쳐가려고 바둥거렸기에 가족조차도 나의 힘듦을 잘 느끼지 못했다. 이제 그 말을 몸이 해주고 있다. 덕분이라고 해야 하나? 주위의 많은 걱정과 관심을 받고 있다. 지금이라도 건강에 신경 쓰게 되었으니 다행으로 여긴다. 앞으로 내 몸이 하는 말을 귀하게 여겨 하루하루를 더욱 값지게 살아갈 것이다.

(2025.)

친정 가는 길

좀체 보기 드문 긴 추석이 시작되었다. 9월 30일부터 10월 9일까지의 황금연휴로 추석을 쇠고도 닷새나 더 휴일이 남았다. 아까운 시간이지만 마땅히 갈 곳도 없어 집에서 추석 특집프로그램이나 보면서 빈둥거릴 참이었다.

친정에 간 여동생에게서 전화가 왔다. 아직 연휴가 많이 남았으니 친정에 와서 함께 놀자는 것이다. 사실 유례없는 긴 명절 연휴를 맞아 평소에는 거리가 멀어 마음을 내지 못하던 친정 나들이 생각도 잠시 했었다. 하지만 명절 끝이면 꼭 병이 나는 엄마이기에 우리 가족까지 북적거리면 더 정신이 없을 것 같아 마음을 접었다. 그런데 엄마의 몸 상태가 좋다는 동생의 설득에 슬그머니 마음이 동했다.

그렇지만 차표가 있을까. 검색해보니 역시 매진이다. 잠시 고민을 하다가 차를 끌고 가 보기로 했다. 운전대를 잡은 지 겨우 1년 정도 지난 초보운전자로 고속도로는 몇 번 달려보지도 않았다. 가장 멀리 가 본 것이 동생이 사는 서산 정도인데 그 두 배 거리인 청도까지 갈 수 있을지 의문이지만 용기를 내 보기로 했다.

"야들아, 청도 가자!" TV를 보고 있는 아이들에게 다짜고짜 말했다.

"무슨 소리야? 저녁에 약속이 있는데…." 딸들은 당황스러움에 눈을 동그랗게 떴다.

동네 친구는 언제든 만나면 되지 않느냐고 약속 취소를 부탁한 후 두 딸을 차에 태웠다. 장거리 여행에는 자동차 점검이 우선이지만 수리 센터가 모두 문을 닫았으니 무작정 끌고 나섰다. 무식하면 용감하다고 했던가. 폐차 직전의 차를 시동생에게 물려받아 연습용으로 끄는 상황인데 그 덜덜거리는 차에 세 모녀가 탄 것이다.

그래도 친정에 간다는 것이 기분을 들뜨게 했다. 결혼 후 집이 멀다는 이유로 명절에는 거의 친정엘 가지 못했다. 아마도 추석 때 고향을 방문한 것이 결혼 생활 30년 동안 두 번째인 것 같다. 내 고향은 감나무가 많아서 가을 풍경이 특히 아름답다. 주홍빛 감이 조롱조롱 매달려 한 폭의 점묘화를 그리는 풍경을 떠올리며 액셀을 힘껏 밟았다.

아직도 연휴가 5일이나 남았고 오늘까지 고속도로비를 면제

해주어서인지 집 근처의 나들목으로 접어들자마자 차가 밀리기 시작했다. 하행 길은 비교적 순조로울 것이라는 예상은 보기 좋게 빗나갔고, 차는 거북이걸음을 면치 못했다.

큰딸은 뒷좌석에 두 다리를 쭉 뻗고 앉아 마냥 편안한 기색인데 작은딸은 운전석 옆에서 끼어드는 차들이 염려되어 앞뒤 좌우를 살피느라 여념이 없다. 가다 서기를 반복하며 세 시간여 만에 겨우 이천휴게소에 닿았다. 초행길이라 이천휴게소가 어디쯤 있는지도 몰랐다. 지도를 검색해보니 곤지암 아래로 평소에는 1시간 20여 분이면 닿는 거리였다. 휴게소에도 차들이 넘쳐났다. 빈자리를 찾기 힘들 정도였지만 나는 장애인 주차구역에 어렵지 않게 주차할 수 있었다. 요즘은 장애인 편의시설과 장애인에 대한 인식개선도 잘 되어 있어 생활에 편리한 점이 많다.

차에서 내린 아이들이 갑자기 '우와!' 하며 달려갔다. 휴게소 한쪽에 칠팔십년대의 생활공간을 재현해 놓은 곳을 본 것이다. 낡은 영화관과 구멍가게, 연탄 가게, 만화방, 이발소 등이 옛 추억을 불러온다. 영화 포스터에는 이소룡이 주먹을 불끈 쥔 채 금방이라도 뛰어나올 듯이 '아뵤!' 하며 옆차기하고 있다. 영화관 옆에는 담배 간판이 걸린 구멍가게가 있다.

격자무늬의 유리문을 열고 안으로 들어가 본다. 빵을 나르던 나무 상자가 한쪽에 있고 종이 인형과 종이 딱지, 금색과 은색의 찬란함으로 모든 학생의 부러움을 샀던 24색 왕자 파스가 걸려 있다. 영락없는 어릴 적 우리 집 구멍가게다. 학교 앞 구멍가게는 각종 문구류까지 갖추고 있어 만물상회 같았다. 과자 하나를 팔면 몰래 두 개를 먹고 시치미를 뚝 뗐던 그때, 엄마는 고양이에게 생선 맡긴 격을 알고 계셨을까. 가게 앞을 지날 때마다 엄마 치맛자락을 잡아 기어코 과자를 얻어 내던 난이, 눈만 뜨면 달려오던 옥우, 상표를 모으겠다고 기웃대던 병국이, 가게 앞에서 와글대던 그 얼굴들이 아련하다.

다시 시동을 건다. 큰딸이 잠깐 조는가 싶더니 갑자기 "와! 유채꽃이다." 한다. '무슨 유채꽃?' 누른 들판을 유채꽃으로 착각한 큰딸 덕분에 한바탕 웃음꽃이 터졌다. 그렇게 우리는 유채꽃 같은 가을 들판 속으로 달렸다. 그러고 보니 내가 자동차를 끌고 두 딸과 함께 장거리 여행을 하는 것도 처음이다. 18년 동안 장롱 속에서 잠자던 운전면허증을 흔들어 깨우고 나니 신세계가 열린 것 같다. 늘 남보다 뒤처진 걸음으로 허겁지겁 따라가던 내가 남과 동등하게 달리며 어디든 쉽고 편하게 다닐 수 있게 되지 않았는가.

그런데 내비게이션이 자꾸만 여주, 충주, 문경 쪽으로 인도한다. 길을 잘못 든 것은 아닌지, 도대체 대전은 얼마를 더 가야 나오는 걸까. 고향에 갈 때면 기차든 자가용이든 항상 대전을 지나지 않았던가. 수원, 천안, 대전을 거쳐 김천, 구미, 대구를 지나야 고향 청도가 나올 것 같은데 문경이라니? 왜 자꾸 낯선 곳으로 안내하는지 모르겠다. 옆에서 지도 검색을 한 작은딸이 중부내륙고속도로로 가고 있다고 했다.

경부고속도로로 계속 직진만 하면 될 줄 알았는데 중부고속도로, 제2중부고속도로, 영동고속도로, 중부내륙고속도로를 통해 경부고속도로로 이어졌다가 다시 대구 부산 간 중앙고속도로로 안내하니 초보운전자의 초행길이 정신없다. 그래도 엉뚱한 곳으로 빠지지 않는 것이 신통하다. 거기에는 내비게이션을 보며 미리 알려준 작은딸의 공이 크다.

선산휴게소에 도착할 즈음 땅거미가 몰려온다. 여동생에게서 전화가 온다. 분명 엄마가 조급증을 내고 계실 터이다. 엄마에겐 기차를 타고 간다고 했으니 도착할 시간이 한참 지나지 않았는가. 서둘러 다시 출발한다. 중간에 차들이 거의 다 빠졌는지 정체가 풀렸다. 액셀을 힘껏 밟으며 고향을 향한 마음에도 가속도가 붙는다.

9시간 만에 드디어 친정에 도착했다. "차는 말라꼬 갖고 오노?" 뒤늦게 알게 된 엄마가 걱정되어 한마디 하신다. 그래도 초보운전자가 낡은 차를 끌고 먼 길을 과감하게 나선 용기가 가상하지 않은가. 무사히 왔음에 스스로 박수를 보내며 친정에서의 달콤한 하룻밤을 시작한다.

(2017.)

3부

끝나지 않은 사랑

봄을 훔친 날

　사월이다. 아파트 화단에 살구꽃이 활짝 피었다. 꽃은 아침 햇살에 더욱 눈부신 자태를 뽐낸다. 꽃구경이라도 나가야 할 것 같다. 마침 휴일이고 남편도 쉬는 날이라 드라이브라도 가자고 꼬드겼다. 나갈 채비를 하다 보니 서너 평 남짓한 방에서 담장 너머의 봄을 그리고 있을 민 언니가 떠올라 전화했다.

　"언니 꽃구경 가자?"

　"아니! 힘들어서 못 가."

　워낙 꽃을 좋아하는 언니라 쉽게 따라나설 줄 알았는데 단번에 거절한다. 기운이 쭉 빠져 있는 목소리에서 기분이 영 좋지 않음을 느꼈다.

　"언니 왜 그래? 어디 아파?"

　"다리가 아파서 한숨도 못 잤어. 그냥 혼자 다녀와."

항상 아픈 다리가 지난밤엔 고통이 더 심했나 보다. 하는 수 없이 남편과 둘이서만 교외로 나갔다.

밖은 온통 봄꽃들의 축제다. 담장에 휘늘어진 노란 개나리와, 학처럼 고고한 자태를 뽐내는 목련, 촤르르 꽃비가 되어 내리는 벚꽃까지 저마다의 멋을 한껏 뽐내고 있어 눈을 어디에 둘지 모르겠다. 돌 틈 사이에서 민들레도 하얀 손을 흔들었다. 마치 민 언니가 활짝 웃고 있는 듯했다.

민 언니를 만난 것은 이십 대 초반이다. 당시 나는 가내공장에서 편물이라고 하는 니트 옷감 짜는 일을 했다. 어느 날 민 언니가 그곳으로 일자리를 옮겨왔다. O자로 휘어진 다리 때문인지 잘 걷지를 못했고 늘 무릎 통증에 시달리며 진통제를 달고 살았다. 성이 민씨인 언니는 남녀불문한 모두에게 민 언니로 통했다.

편물은 가로 1m가 넘는 기계를 탁자 위에 올려놓고 캐리지라고 하는 기계 머리에 실을 끼워 양쪽 끝까지 밀고 다니며 옷감을 짜는 일이다. 팔을 쉴 새 없이 좌우로 흔드는 일이 우리에게도 힘에 부친데 팔다리가 짧은 민 언니에게는 더욱 버거운 일이었다. 언니는 기계를 한 번에 밀고 갈 수가 없어 중간에서 세운 뒤 기계가 가는 방향으로 몸을 옮겨서 다시 끝까지 밀곤 했다. 남들은 한 번에 쫙쫙 밀고 다니는 기계를 중간에 세우곤 하니 능률을 제대로 올리지 못했다. 그러자 능률제로 지급되는 급여 또한 남의 절반밖에 되지 않았다. 어쩌다 몸에 맞지 않은 기술을 배워 저렇게 힘들게 일하는지, 차라리 한복 수 놓는 일이나 재봉 일을 배웠더라면 더 낫지 않았을까, 하는 안타까운 마음이 들기도 했다.

하지만 그나마도 일할 수 있는 것에 감사하며 늘 하얀 민들레처럼 웃고 있었다. 척박한 땅을 뚫고 나와 무심한 발자국에 수없이 밟히면서도 굴하지 않고 꽃을 피우는 민들레는 항상 밝은 웃음으로 용기와 희망을 안겨주는 민 언니를 닮아 있었다.

어느덧 언니 머리에도 민들레 홀씨 같은 흰 꽃이 피고 지금은 정부 보조금을 받으며 낡은 단독 문간방에 세 들어 산다. 이제는 거의 걷지를 못해 머리도 손수 자르고 목욕도 재래식 부엌 바닥에서 한다. 그렇게 바깥세상과 단절되어 버린 언니가 안쓰러워 가끔 남편 차로 야외 나들이를 가곤 했는데 힘없는 목소리가 자꾸 마음에 걸린다.

차가 허름한 농가를 끼고 한적한 산길로 접어든다. 산기슭에 핀 진달래가 눈에 들어온다.

"어머! 진달래 좀 봐. 몇 개만 꺾어 민 언니 갖다주면 안 될까?"

함께 오지 못한 아쉬움을 꽃으로 달래주고 싶은 마음이 들었다. 나의 탄성에 남편은 어느새 차를 세웠다.

"그런데 꽃을 꺾어도 되나? 경범죄에 걸릴 것 같은데?" 누가 볼세라 주위를 두리번거리는 틈에 동작 빠른 남편이 벌써 꽃을 꺾고 있다. 우리는 눈 깜짝할 사이에 그만 봄을 훔친 공범이 되고 말았다. 꽃을 얼른 발밑에 숨긴 채 언니 집으로 향했다. 마당으로 난 미닫이문을 살그머니 열고 "짜잔" 하며 꽃을 내밀었다.

누워 있던 언니가 깜짝 놀라며 "뭐야?" 하며 돌아본다.

"언니 주려고 봄을 훔쳐 왔지."

"어머 예쁘다."

언니는 연신 감탄사를 토해낸다.

"어디서 꺾어 왔어? 진달래 진짜 오랜만에 본다."

기운 없이 누워있던 언니가 갑자기 밝아지며 말이 많아진다. 당장 꽂아야겠다며 엉덩이를 밀고 부엌으로 나가 꽃병에 물을 담아 온다. 입가엔 진달래보다 더 환한 웃음꽃이 피었다.

"이거 우리 옛날에는 먹기도 했는데…. 내가 그때는 산에 가서 직접 꺾어오기도 했어." 언니는 꽃을 다듬으며 아련한 추억을 떠올린다. 진달래 꽃잎 속에 걸어 다니던 자신의 옛 모습이 투영되었나 보다. 앙증맞은 손으로 완성한 꽃병을 텔레비전 위에 올려놓는다.

두 평 남짓한 방 안이 봄기운으로 가득 찼다.

"와! 내 방에도 봄이 왔네."

손뼉을 치며 좋아하는 언니를 보며 봄을 훔치기를 잘했다는 생각이 든다. 방 안에 활짝 핀 봄처럼 언니의 앞날도 늘 따뜻한 봄날 같기를 가만히 빌어 본다.

(2007.)

소망탑

문우 몇 명과 우면산 정상에 올랐다. 내 발로 산 정상에 올랐다는 것이 감격스럽다. 소망탑 전망대에서 발아래 풍경을 본다. 서울 시내가 한눈에 내려다보인다. 저 멀리 산들이 어깨를 맞댄 채 서울을 감싸고 있고 바로 눈앞엔 삿갓 모양의 푸른 지붕이 보인다. 예술의 전당 지붕이 갓의 형태인 것을 산에 와보니 알겠다. 내가 이 산꼭대기에 오를 줄 상상이나 했을까. 우연한 사건이 나를 이곳까지 안내했다.

얼마 전, 수필반 문우 K가 카페에 산을 배경으로 두 팔을 활짝 편 사진을 올렸다. 수락산 정상에 올랐더니 정말 상쾌하다는 글과 함께다. 사진 속 표정이 마치 세상을 다 가진 듯 행복해 보였다. "축하합니다. 저는 언제나 그 기분을 느껴볼까요? 저도 메아리는 잘 보낼 수 있는데….."라고 댓글을 썼다. 그랬더니 "미애

님 꽃피는 봄날에 꼭 한번 산에 같이 갑시다."라는 답글이 올라왔다. 예의로 다는 댓글이려니 했다. 얼마 후 문우 B에게서 연락이 왔다. K가 내가 언제 수업에 나오는지 알아봐 달라며 그날 함께 산에 가자고 했다는 것이다.

내가 괜한 글을 썼나 보다. 사실 가끔은, 산 정상의 느낌이 궁금할 때가 있고 산에 오르는 사람이 부러울 때도 있다. 그렇지만 타인을 힘들게 하면서까지 산에 오를 마음은 추호도 없었다. 그런데 K는 나의 댓글에서 어떤 간절함을 느꼈는지 그것을 본인이 이루어주고 싶은 마음이 강하게 들었나 보았다. 나는 아무 뜻 없이 올린 글이라며 완강히 거절했다. K가 나를 업어서라도 데리고 가겠다는 각오를 다지고 있으니 안 가고는 못 배길 거라고 B는 말했다. 가장 완만한 길을 찾으려고 K가 답사를 두 번이나 다녀왔다니 참으로 난감해지고 말았다.

절룩거리는 걸음걸이가 평지를 걸을 때도 볼품없는데 험한 산길을 오를 때에는 더 흉할 테다. 그 모습을 오롯이 보여주어야 하는 것이 내키지 않았고, 무엇보다 타인을 힘들게 하는 것이 싫었다. B는 끝끝내 나를 설득하려 했고 결국 나는 K의 진심을 받아들이기로 했다.

산행은 수필 수업이 끝난 뒤 점심을 먹고 출발하기로 했다. 강의실에서 만난 K는 파스를 건네며 무릎과 발목에 붙이라고 했다. 파스를 붙이면 그 부분이 보호된다는 것이었다. 이처럼 세

심한 배려까지 아끼지 않는 그에게서 또 다른 감동이 느껴졌다.

점심을 먹고 몇 사람만 조용히 빠져나왔다. 문우들이 다 따라나설 참이었지만 내가 불편해서 몇 사람만 가자고 했다. 남부터미널에서 남부순환로 쪽으로 올라와 길을 건너니 우면산으로 오르는 등산로가 있었다. 어제 종일 내리던 비가 그치고 오늘은 나의 첫 산행을 축하하듯 하늘이 맑게 갰다. 바람이 살랑살랑 뺨을 스치고 연둣빛 물오른 나무가 싱그럽다. 막 피기 시작한 철쭉이 배시시 웃고 무리 진 황매화도 수다 삼매경에 빠졌다.

K는 입구부터 나의 팔을 꼭 잡고 나의 한발 한발에 눈을 떼지 못했다. 함께 간 문우 B와 C는 내 걸음에 맞춰 천천히 뒤를 따랐다. 전날 내린 비 덕분에 땅이 촉촉해 걷기가 좋았다. 계단과 평지를 번갈아 오르는 사이 나의 숨소리는 점점 거칠어지고 등은 축축해졌다. K는 오죽할까. 그런데도 아무 내색 없이 팔에 힘을 더 준다. "조금만 더 힘내 봅시다. 저 모퉁이를 돌아가면 의자가 있으니 잠시 쉴 수 있어요." 그는 벤치가 있는 자리를 파악하고 쉬어갈 시간까지 계산해 놓았다. 나의 몸 상태에 따라 어떻게 대처할 것인지를 미리 다 계획해 놓은 것이다. 고마운 마음에 힘든 내색도 할 수 없다. 벤치에 앉아 김밥을 먹었다. 소풍 온 기분이 이런 것일까. 학교 다닐 때 소풍을 가지 못해 이런 기분 처음이라며 즐거워하니 문우들도 덩달아 기뻐한다. 마음이 편해졌는지 나의 너스레가 늘었다. 내친김에 노래도 한 곡 불렀다. 숲속

노래방이 따로 없다. K가 흐뭇한 미소를 짓는다.

　K의 세심한 보살핌에도 두어 번 넘어졌다. 오늘은 나를 내려 놓기로 해서인지 창피함도 없었다. 더딘 산행이 계속되고 드디어 소망탑 전망대에 도착했다. 소가 누워 있는 형상을 닮아서 이름 붙여졌다는 우면산은 해발 293m인데 소망탑은 270.7m 지점에 있었다. 우면산의 정상이 군사시설로 접근이 어려워 사실상 이곳이 정상과 마찬가지라고 한다.

　아! 드디어 내가 산 정상을 다 밟아보다니…. 서울 시내가 발아래서 움직이는 모습이 생경스럽다. 저 멀리 63빌딩과 은색의 한강이 보인다. 행주산성, 안산, 인왕산, 북한산, 도봉산, 수락산, 불암산, 용마산, 축령산의 푸른 능선이 서쪽에서 동쪽으로 이어지며 파도처럼 일렁인다. 이래서 산에 오르는구나. 정상에 서보니 그 기분을 조금은 알 것 같다.

　쉼터 가운데 돌탑이 있다. 바로 소망탑이다. 위가 삐죽한 여느 돌탑과 달리 밥그릇을 엎어 놓은 듯 둥그런 모습이 인상적이다. 큰 돌 작은 돌이 조화롭게 균형을 이루며 떨어지는 곡선은 마치 자애로운 어머니의 모습 같다. 정화수 떠 놓고 기도하는 어머니처럼 소망탑은 산에 오르는 모든 이들의 안녕을 빌고 있을 것이다. 소망탑은 나의 바람이 이루어질 줄 알았을까. 어쩌면 K가 이곳을 택한 것도 정상에 서는 순간을 소망탑으로 상징하고 싶은 것이 아니었을까. 소망탑이 그의 깊은 뜻을 알고 있다는 듯 빙그레 웃는 것 같다. 나도 소원을 빌어본다. '이곳까지 나를 데려온 K와 함께해준 두 문우에게 무한한 축복이 있기를….'

파노라마처럼 펼쳐지는 풍경에 온 마음이 빼앗길 즈음 K가 말한다.

"미애 님, 야호 해 봐야죠?"

아! 맞다. 나도 야호를 잘할 수 있다고 했지? 나는 손나팔을 만들어 크게 외친다.

"야~~~~호."

우렁찬 메아리가 멀리멀리 퍼진다.

"와! 드디어 해냈다."

K가 두 팔을 번쩍 든다. 우리도 함께 환호하며 손뼉을 친다. 내게 산에 오를 수 있다는 용기와 성취감을 안겨주기 위해 고생을 자처한 K에게 무한한 감사의 마음이 느껴진다. 그는 내게 산을 선물한 다시 없을 은인이다. 이 귀하고 소중한 마음을 가슴 깊이 새겨두리라.

이제 내려갈 시간이다. K의 손을 잡고 다시 걸음을 뗀다. 소망탑이 언제 또 오겠냐고 애틋한 눈빛을 보내는 것 같다.

(2012.)

책이 준 행복

2018년, 올해부터 주민 센터 2층에 있는 작은 도서관에서 일하게 되었다. 매년 정부에서 제공하는 장애인 일자리에 뽑혀 이곳으로 배치가 된 것이다. 넓이가 51제곱미터가량 되는 도서관에는 육천여 권의 책이 소장되어 있고 책 읽는 공간으로 작은 북카페가 따로 갖춰져 있다.

나는 도서 대출 및 반납, 도서 등록 등 도서관의 전반적인 일을 맡고 있다. 무거운 책을 다루는 일이 조금 버거울 수 있지만 오전 근무자가 한 명 더 있어 손발을 잘 맞추고 있다.

좋아하는 책을 종일 보면서 일하는 것은 꿈에서나 바라던 일이다. 책 대여점이 한창 성행할 당시 나도 작은 책 대여점이나 하며 살았으면 좋겠다고 생각했다. 책방 카운트에 앉아 책을 읽고 있는 주인의 모습이 나의 미래이기를 바라기도 했는데 우연

찾은 기회에 그 꿈을 이루게 된 셈이다.

내가 사는 중랑구에서는 몇 년 전부터 '책 읽는 중랑'이라는 구호로 전 구민 책 읽기 운동을 벌이며 도서관 수를 늘리고 있다. 네 개의 구립도서관과 사십여 개의 작은 도서관, 공중전화 부스를 개조한 '꿈꾸는 작은 책방'까지 곳곳에 설치되어 있다. 또 도서관이 멀어서 이용이 어려운 지역에는 책 읽는 버스도 운행 중이다.

각 도서관은 책이음이라는 시스템으로 서로 연결되어 아무 곳에서나 각 도서관의 책을 빌릴 수 있고, 모바일 회원증으로 열람과 대출이 더욱 편리해졌다. 지난해는 중랑천 제방 위에 두 개의 작은 도서관을 더 만들어 주민들이 산책이나 운동을 하다가도 손쉽게 책을 읽을 수 있게 해 놓았다.

봄이면 벚꽃과 장미가 흐드러지고, 여름이면 짙은 그늘이 더위를 식혀주고, 가을이면 낙엽 비가 운치를 더해 주는 산책로에서 계절을 벗 삼아 책을 읽으면 신선이 따로 없을 듯하다.

북스타트 사업도 중랑 보건소를 필두로 전국으로 이어지고 있다. 이 사업은 영·유아에게 책을 나누어주고 책과 함께 놀게 함으로써 독서를 평생 습관으로 만들어 주려고 만든 사업이다. '중랑 북 페스티벌'도 매년 열어 독서 문화를 다양하게 꽃피우고 있다.

그래서일까. 어머니의 손을 잡고 책을 빌리러 오는 아이들이 많다. 가족 세 명이 그룹으로 등록된 한 어머니는 한 번에 열다섯 권씩을 빌려 가는데 일주일 사이 벌써 두 번이나 다녀가셨다. 이 도서관에 있는 책은 거의 다 읽혔는지 아동 도서를 더 많이 구매해달라는 부탁도 하신다. 신간 구매할 때 참고하겠다고 했다. 그리고 좋은 책을 더 많이 추천해 달라며 마을문고의 주인의식도 심어 주었다. 이 도서관은 문고 회원들에 의해 유지되기 때문에 주민들의 참여를 이끄는 것도 중요하다.

도서관이 있는 2층에는 초·중학생을 위한 공부방이 있어 학생들도 자주 이용한다. 공부방 수업은 오후 3시부터 열린다. 주로 한 부모, 조손, 다문화 가정의 자녀들이 이용하는 곳으로 수업은 봉사자들에 의해 이루어진다. 공부방이 복잡하면 도서관에서 수업이 이루어지기도 해서 도서관은 공부방 역할도 심심찮게 하고 있다. 수요일과 금요일 오후에는 초등학생의 논술 수업도 있어 독서지도사 자격증을 가진 내게는 흥미로운 실습 현장이 되기도 한다.

도서관에서 일한다는 것은 내게 가장 적합하고 행복한 일이다. 도서 분류표를 잘 몰라도 국제표준도서번호인 ISBN(International Standard Book Number)을 찍으면 도서 분류가 자동으로 생성되기에 신간 등록하는 일도 그리 어렵지 않다. 각 도서관을 연결해 책을 빌리고 반납하는 상호대차 방법도 수월하게 익혔다.

온종일 책과 함께 지내는 것은 매우 즐거운 일이다. 육 년 가까이 이런저런 공부를 하느라 통 글을 쓰지 못했고, 그 탓에 글 쓰는 일이 더 어려워졌다. 글쓰기의 기본이 많이 읽고 많이 쓰고 많이 생각하는 것이라 하지 않는가. 글을 쓸 때마다 느끼는 내 부족한 독서량을 배곡한 저 책들로 채울 생각을 하니 가슴이 벅차다.

작은 도서관이라 이용자가 많지 않아 업무량도 적당하고, 공간이 따로 독립되어 있으니 누구 눈치볼 것도 없다. 이용자가 없을 때는 내 시간으로 활용할 수 있으니 이보다 더 좋은 업무 환경이 어디 있을까. 이래서 나는 또 책을 통해 새로운 행복에 젖는다.

(2018.)

도전 인생

인터넷 검색을 하다가 눈이 번쩍 띄는 광고를 보았다. 어느 능력개발원에서 '여성 장애인 쇼핑몰 디자이너 양성 교육'을 받을 사람을 모집한다는 것이었다. 내가 일하는 니트옷 제조 물량이 부쩍 줄어 쉬는 날이 많아졌다. 소비자가 준 것인지, 아니면 제조 공장들이 값싼 인건비를 찾아 중국이나 동남아 등지로 떠난 탓인지 알 수 없다. 다만 국내에서는 고학력을 지닌 젊은이들이 더는 제조업에 뛰어들지 않으니 인력 구하기가 힘들다. 그에 따라 점점 올라가는 인건비가 부담스러운 것도 사실 아닌가. 그 때문에 나도 베란다가 가득 찰 정도로 쌓아놓던 일감이 바닥을 드러냈다. 이것은 제조업이 점차 사양길에 접어들고 있음을 보여주는 것이다.

더는 이 일에 미련을 둘 수 없을 것 같아 깊은 생각에 잠겼다.

우리나라는 이제 IT 강국이 되었고 나도 시대에 발맞춰야 하지 않을까. 인터넷 쇼핑몰에 대한 호기심이 생기던 때에 마침 교육 프로그램을 알게 되었다. 바로 전화를 걸어 위치를 확인했다. 교육장은 신설동에 있었다. 매일 버스를 타고 다니는 것부터 도전이다.

하지만 나의 인생은 늘 도전의 연속이었다. 열일곱 살 때 처음으로 직장생활을 했을 때나, 편물 기술을 배우기 위해 서울에 올라왔을 때, 20개월짜리 딸을 데리고 니트옷 만드는 기술을 배웠던 것이 모두 도전 아니었던가. 그 결과가 항상 좋았기에 또 다른 도전을 하려는 것이다.

희망을 안고 첫 수업에 갔다. 지체, 정신, 청각, 시각, 뇌성마비 등 다양한 여성 장애인들이 교실에 모였다. 나이는 이십 대 초반부터 오십 대까지 다양했다. 교육 기간은 6개월, 모두 아침마다 불편한 몸을 이끌고 나와 수업에 열정을 쏟았다.

우리가 배우는 것은 디자인 관련 공부였다. 쇼핑몰을 하려면 상품을 찍어서 예쁘게 편집해 사이트에 올려야 하니, 포토샵과 일러스트 프로그램을 잘 다루어야 한다. 그러한 기능을 잘 다루는 것을 증명하는 자격증이 '컴퓨터그래픽스운용기능사'였다. 선생님은 이 자격증을 따면 취업도 가능하다고 했다. 장애인 고용 포털사이트에는 그에 따른 일자리가 제법 있었다. 새로운 일을 찾을 수 있다는 희망으로 열심히 공부했다. 필기시험은 어렵지 않게 통과했다. 전체 합격률이 25% 내외라는 필기시험에 평균나이 44세인 우리가 70%의 놀라운 합격률을 보였다.

실기시험에 대비해 더 공부에 박차를 가했다. 일러스트로 그림을 그리고 있는 내가 신기했다. 포토샵으로 사진을 편집하는 것은 또 어떤가. 영어투성이인 각종 기능을 다룰 줄 안다는 것이 뿌듯했다. 일러스트와 포토샵을 합성하고 글자를 입혀 그럴듯한 작품을 만들어 내는 것까지 습득했다.

하지만 느린 손동작이 문제였다. 암기는 조금만 집중하면 되지만 손놀림은 그렇지 못했다. 오래전 운전면허 시험에서도 필기와 달리 실기는 두 번이나 떨어진 경험이 있으니 굼뜬 몸을 나이 탓으로만 돌리기도 애매하다.

연습을 거듭한 끝에 주어진 시간 안에 작품을 완성하는 것까지 성공했다. 하지만 시험장에 들어서니 머리가 하얘졌다. 하필이면 자리까지 제일 앞이다. 시작과 함께 '따따따닥' 마우스의 빠른 움직임 소리가 여기저기서 들려왔다. 마치 나를 쫓아오는 말발굽 소리 같았다. '저렇게나 빨리들 작품을 만들어 낸다고?' 마음이 조급해져 아는 기능마저 잊어버렸다. 결국, 시간 안에 작품을 만들어 내지 못하고 허탈한 마음으로 시험장을 나섰다.

하지만 포기는 없다. 포기는 배추 셀 때나 쓰는 단위라고 교실 앞에 붙어 있지 않은가. 내친김에 워드프로세서와 컴퓨터활용능력 자격증도 따기로 계획을 세웠는데 갑자기 공장에서 일감을 가져온다는 연락이 왔다. 갈등이 생겼다. 다시 일을 잡는다면 공부가 소홀해질 것이고 거절한다면 우선의 생활이 막막하다.

고민 끝에 일과 공부를 병행하기로 했다. 자격증 딸 때까지 그냥 놀 수만은 없지 않은가. 작업장 앞에 책을 펼쳐놓고 기계가 돌아가는 틈틈이 공부한다. 이 공부가 반드시 나를 한 단계 도약시키는 계기가 될 것으로 믿으며 도전은 계속된다.

(2009.)

장미가 있는 저녁

어스름 그림자를 밟으며 수림대 장미정원에 왔다. 장미 축제에 앞서 미리 장미 구경에 나선 것이다. 화관을 쓴 장미의 여신이 먼저 반긴다. 비너스상 버금가는 예쁜 자태의 조형물이다. 체온에 따라 색이 달라지는 반지 모양의 '사랑의 온도' 조형물과 하트, 바이올린, 어린 왕자 조형물, 장미 터널까지 반짝이 조명으로 치장한 채 눈길을 사로잡는다.

어둠이 짙어지자 조명은 더 화려해지고 정원에 들어서는 사람도 하나같이 환호성을 지른다. 나는 정원을 한 바퀴 돌아본 후 정원 가운데의 벤치에 자리 잡는다. 수십 종의 장미가 한눈에 들어온다. 혼자 우뚝 서 함박꽃처럼 탐스러운 자태를 뽐내는 장미가 있는가 하면 능소화처럼 줄기를 타고 올라가 옹기종기 모여 앉은 장미도 있다. 색깔도 가지가지다. 차오르는 열정을 주체할 수 없는 듯한 붉은 장미와 다소곳한 새색시처럼 은은히 빛나는 분홍 장미, 하얀 레이스를 팔락이는 흰 장미, 병아리를 연상케 하는 노란 장미, 분홍과 주홍이 섞여 오묘한 빛을 내는 장미도 있다.

수만 송이의 장미와 함께 어우러져 있으니 마치 나도 장미가 된 듯하다. 나이 들수록 두꺼워지는 것은 얼굴밖에 없는지 근거 없는 자존감만 높아지고 있다. 작은 키에 떡 벌어진 어깨, 뒤뚱거리는 걸음까지 어딜 봐서 장미를 닮았을까. 하지만 꽃이나 사람이나 저마다의 개성과 매력이 따로 있지 않을까. 모든 사람의 눈길을 사로잡는 화려한 장미가 있는가 하면 키 작은 민들레나 제비꽃, 채송화도 자기만의 멋을 품고 있지 않은가. 이른 봄에 피어나 일찍 생을 마감하는 벚꽃이나 목련도 자기만의 향기를 깊이 남기고 떠난다. 누가 벚꽃이 목련꽃보다 작다고 무시할 수 있을까. 하르르 날리는 벚꽃은 별처럼 빛나서 더 황홀하고 학처럼 고고한 목련은 우아한 멋이 일품이다.

코끝에 와닿는 수만 송이 장미 향처럼 사람도 제각각 향기가 따로 있을 것이다. 그래서일까. 나의 미소만큼은 장미도 따를 수 없는 나만의 향기라고 애써 자부해본다. '내가 똑바로 걸으면 나의 참모습이 아니지'라는 마음도 굳게 가져본다. 외모로 인해 주눅든 일이 허다했지만, 거부할 수 없는 나의 모습을 인정하려 애쓴 날들이 내 삶의 전부가 아니었던가.

쿵! 쿵! 음악이 들려온다. 정원 옆 작은 무대에서 공연이 펼쳐지고 있다. 하와이 전통 복장을 한 여인들이 훌라춤을 추고, 큰 꽃무늬 옷을 입은 여인들이 동남아 국가의 전통춤을 춘다. 지역에서 활동하는 다문화 가정의 여인들인 듯하다. 공연은 연세 지긋한 어르신의 스포츠 댄스와 색소폰 연주로 이어지며 분위기가 한층 무르익는다. 국가와 나이를 초월한 공연자들이 자기만의 향기를 마음껏 발산하고 있다.

정원엔 더 많은 사람이 모여든다. 하트 모양의 조형물 앞에 앉았기에 자연스레 그 배경으로 사진 찍는 모습을 관찰하게 된다. 엄마와 딸이 사진을 찍는다. 번갈아 가며 독사진을 찍어주고, 하트를 그리거나 꽃받침 모양으로 각자 예쁜 표정을 지으며 셀카도 찍는다. 밝은 표정에 손발이 척척 맞는 것을 보니 평소 소통이 잘 되는 모녀인 것 같다.

"야야! 여기 너무 예쁘다. 사진 한 장 찍고 가자." 어느새 한 무리의 여인이 다가온다. 하하 호호 사진을 찍는 모습에서 당당한 중년의 힘이 느껴진다. 나이가 들며 용감해지는 것이 비단 나뿐이 아닌가 보다. "엄마, 아빠 여기서 사진 한 장 찍어요." 오십 대 중반쯤 되어 보이는 여인이 앞서가는 노부부를 불러 세운다. 그 소리에 키 큰 할아버지가 앞쪽에 어깨를 떡 벌리고 서고, 키 작은 할머니는 그 뒤에 몸을 반쯤 가린 채 엉거주춤 선다. 나는 딸이 '엄마, 앞쪽으로 나와서 아버지 옆에 나란히 서세요.'라며 어머니의 위치를 바로잡아 줄 것이라는 짐작을 하며 바라보았다. 그러나 "자, 하나, 둘, 셋." 하며 어느새 셔터를 누르고 만다.

'왜 어머니의 위치를 바꿔 주지 않지?' 의아한 생각을 하는 사이 그들은 벌써 내 눈길을 벗어난다. 그냥 무심코 지나가는 행동일 수 있지만, 내 눈엔 왠지 평생 할아버지의 그늘에 가려 기 한 번 못 펴고 산 할머니의 모습이 보이는 듯했다. 딸의 눈에도 예사로 비친 것은 평소의 삶이 은연중에 나타난 것 아닐까. 방금 마주한 광경이 쉬이 뇌리에서 떠나지 않는다.

하지만 이 땅의 어머니들은 평생 가족을 위해 묵묵히 살아온 존재가 아닌가. 어쩌면 그 모습이 바로 다소곳한 할미꽃의 표상일지도 모른다는 생각이 뒤이어 든다. 그 수더분한 향기를 미처 보지 못하고 마음대로 펼친 어설픈 상상을 서둘러 접는다.

수만 송이의 장미와 사람들이 어우러진 정원에서 겹겹이 쌓인 꽃잎만큼이나 다양한 삶을 바라본다. 무심히 하는 행동에서 그 삶이 어렴풋이 엿보이기도 했다. 표정과 몸짓에서 나타나는 그것이 바로 그 삶의 이력이 아닌가. 제각각 향기를 지닌 사람들을 보며 문득 나의 향기는 어떤 것일지 궁금해진다. 늘 뒤에 숨거나 움츠리기만 했던 어린 시절엔 나만의 향기가 있기나 했을까. 그러나 문학과 학문으로 인생 후반을 대표하는 향기를 피워냈다. 후배들의 학습에 도움을 주는 재능기부도 빼놓을 수 없는 나의 향기가 아닐까. 뒤뚱거리는 걸음이 부끄럽기만 하지 않은 것도 이 향기에서 비롯된 것이리라.

불빛에 더욱 자태를 뽐내는 장미와 함께 오월의 저녁이 깊어 간다. 내일부터 장미로 인해 행복해질 수많은 사람의 향기를 그리며 서서히 장미정원을 나선다. 중랑천도 향기에 취해 사흘간은 잠을 잊을 것 같다.

(2020.)

아직도 끝나지 않은 사랑

옷장 정리를 하다가 오래된 나의 사물함을 발견했다. 결혼 전부터 사용하던 파란 플라스틱 상자로 일기장과 메모장 등을 넣어둔 것이다. 그 안에 첫사랑 오빠에게 받은 책도 있었다. 그 책이 그곳에 있는지조차 잊고 지냈다. 은행잎이 노랗게 물들면 유독 그 사람이 생각나는 건 그 책 때문이기도 하다. 오늘도 베란다에서 일하며 창밖의 은행나무에 자꾸만 마음을 빼앗기지 않았던가.

시계를 30년 전으로 돌려보면 열여섯 살의 내가 학교 그네에 앉아 있다. 손에는 편지를 들고 노을빛 물든 얼굴엔 빙긋빙긋 웃음이 새어 나온다. 은행잎이 노란 연서를 마구 뿌려대던 어느 가을, 내게도 수줍은 사랑이 찾아왔다. 당시 나는 초등학교 앞에서 구멍가게를 하는 엄마를 돕고 있었다.

가게에는 일주일에 두어 번 자전거에 짐을 싣고 배달 오는 소년이 있었다. 읍내의 잡화 도매상에서 일하는 소년으로 주문한 물건을 가져다주는 것이다. 소년은 동그스름한 얼굴에 더없이 착해 보였고 나이는 두 살 위였다. 엄마는 소년 칭찬에 침이 마르지 않았다. 착하고 성실하고 예의 바르고 어느 것 하나 나무랄 곳이 없다는 것이었다. 나는 엄마의 칭찬이 아니더라도 소년의 성품을 짐작할 수 있었고 괜히 마음이 끌렸다. 왠지 오빠도 나와 같은 마음일 것 같은 느낌에 편지를 썼다. 장애 때문에 늘 위축되어 있던 내가 어디서 그런 용기가 났는지 모르겠다.

며칠 후 답장이 왔다. 오빠도 나와 같은 마음이었다며 오빠 동생으로 지내자는 나의 제안을 흔쾌히 받아들였다. 역시 나의 직감이 적중했다. 그날부터 나는 빨간 자전거를 탄 우체부를 기다리는 것이 일상이 되었다. 우체부가 '끽' 소리를 내며 우리 가게 앞에 자전거를 세우면 가슴이 뛰었고 그냥 지나칠 때는 가슴에 휑한 바람이 불었다.

편지를 받는 날이면 주머니 속에 넣고 다니며 몇 번씩 꺼내 보았다. 노을 질 무렵이면 학교 그네에 앉아 편지를 읽었다. 그러다 보면 내 마음도 어느덧 주홍빛으로 물들어 가슴이 콩닥콩닥 뛰었다.

오빠가 책 한 권을 보내왔다. '미후라 아야코'의 『길은 여기에』라는 책이었다. 책에는 갈피마다 노란 은행잎이 들어 있었다. 가을이면 예쁜 낙엽을 주워 책갈피에 끼우던 것이 당시 청소년들의 낭만이었다. 그런데 구둣발에 밟힌 은행잎까지 수북이 든 배불뚝이 책은 낭만과는 거리가 멀어 보였다. 피식 웃음이 났지만 오빠의 정성만은 충분히 느낄 수 있었다.

이듬해 설날이었다. 저녁연기가 피어오를 무렵 "야야! 니가 웬일이고? 퍼떡 들어오너라." 누군가를 보고 깜짝 놀라는 엄마의 목소리에 내다보니 말끔하게 차려입은 오빠가 대문 앞에 서 있었다. 집 앞까지는 왔으나 차마 들어올 용기가 없어 서성이는 걸 엄마가 먼저 본 것 같았다. 우리가 편지를 주고받는 사이인 줄 알고 있던 엄마는 작은방을 내주며 둘만의 시간을 갖게 해주었다.

우리는 솜이불이 깔린 아랫목에 발을 묻고 마주 앉았다. 둘만의 시간이 처음이라 무슨 말을 어떻게 할지 몰랐다. 어색한 공기가 흐르는 가운데 오빠가 겨우 입을 뗐다. 아침부터 본가가 있는 대구에서 청도 버스정류장까지 몇 번을 왔다갔다하다가 겨우 용기를 내어 찾아왔다는 것이다. 내가 몸이 불편하고 동네를 벗어나 본 적이 없기에 따로 만나려면 오빠가 와야 한다고 생각한 것 같았다. 어렵게 마련한 자리이건만 왜 입은 꿀 먹은 벙어리처럼 떨어지지 않는지 천장에 걸린 메주만 멀뚱멀뚱 세다가 아까운 시간을 다 보내고 말았다.

이후, 나는 직장을 구해 집을 떠나게 되었다. 떠나기 전날 저녁 오빠는 엄마가 주문한 라면을 싣고 왔다. 엄마는 "야야! 이 저녁에 우짠 일이고? 내일 가져와도 되는데…."라며 놀랐다. 십 대의 어린 소년이 깜깜한 신작로를 따라 20리 길을 돌아갈 일이 걱정인 것이다. 오빠는 엄마에게는 그냥 시간이 있어서 왔다고 하면서도 내 귀에 대곤 "내, 배달 때문에 온 기 아니데이."라며 내가 떠나기 전에 보고 싶었던 마음을 수줍게 전했다.

내가 고향을 떠난 얼마 후, 오빠도 대구에 있는 큰 마트로 직 장을 옮겼다. 오빠는 그곳에서 운전면허를 땄다며 면허증에 붙 인 증명사진을 편지에 넣어 보내주었다. 오빠는 종종 내가 일하 는 공장 옆을 지나기도 하는데 그때마다 우연히 마주치지나 않 을까 하고 도로변을 유심히 살핀다고 했다. 그런데도 우리는 따 로 만날 약속은 할 줄 몰랐다.

2년간 이어가던 편지가 오빠의 뜸한 답장으로 소원해지기 시 작했다. 꼬박꼬박 오던 답장이 두세 번 만에 겨우 한 번 오는가 싶더니 그마저도 뚝 끊기고 말았다. 말없이 끊어버린 편지는 내 속을 까맣게 태웠다. '혹시 오늘은 편지가 와 있을까?' 날마다 경비실을 기웃거렸다. 일기장은 온통 오빠에 대한 그리움으로 채워졌다. 이승연의 노래 〈잊으리〉가 가슴을 울렸다. 노래 가사 처럼 잊으려 해도 잘 되지 않아 편지를 몽땅 태우기로 했다. 마 침 소각장에서 쓰레기를 태우고 있었다. 그 속으로 던져버린 편 지가 하얀 재가 되자 이내 후회가 밀려왔다. 그냥 추억으로나 가끔 꺼내나 볼 걸….

책장을 뒤적거리자 그때의 떨림이 되살아났다. 그러다가 흠칫 놀랐다. 책갈피 속에는 오빠가 끼워 준 은행잎과 내가 넣어둔 감나무잎이 세월을 잊은 채 나란히 꽂혀 있었다. 그제야 책을 받을 당시 영원한 사랑을 꿈꾸며 감나무잎을 하트 모양으로 오려서 넣어 둔 것이 생각났다. 두 나뭇잎은 아직도 끝나지 않은 사랑으로 달콤한 대화를 나누고 있었을까.

손끝 하나 스친 적 없이 맑고 순수했던 사랑. 외로움으로 점철된 내 삶에 이처럼 풋풋한 연서마저 없었다면 겨울 들판처럼 얼마나 황량했을까. 내 가슴에도 은행잎 같은 노란 물감이 되어 주는 사람이 있었기에 이 스산한 가을이 마냥 쓸쓸하지만은 않은 듯하다.

(2005.)

어느 가수의 안타까운 선택

한 케이팝k-pop 가수의 이름이 실시간 검색 1위로 떠올랐다. 국내외로 팬층이 두터운 아이돌 가수가 돌연 스스로 목숨을 끊었다는 기사이다. 스물여덟의 젊은 가수가 무슨 연유로 돌이킬 수 없는 선택을 했을까. 가끔 일어나는 비슷한 사건이 안타까움을 자아낸다.

나는 두 딸 덕분에 음악프로그램을 종종 본다. 성공한 어린 가수들이 화면을 가득 메울 때면 그 힘든 과정을 잘 이겨낸 모습이 대견스러웠다. 훤칠한 키에 늘씬한 몸매로 외적인 조건을 갖추었다 해도, 춤과 노래, 연예인이 되기 위한 기본 소양까지 익히려면 고된 연습생 생활을 꿋꿋이 견뎌야 하지 않는가. 갈수록 연습생 나이가 낮아진다니 경쟁도 그만큼 치열할 것이다.

오늘 팬들을 비탄에 빠뜨린 가수도 열네 살 때 연습생 생활을 시작해 열일곱 살에 '샤이니'라는 그룹으로 데뷔했다. '샤이니'는 5인조 남자 아이돌 가수로 케이팝k-pop의 선두를 이끌며 국내외로 많은 인기를 누리고 있다. 특히 가창력이 뛰어난 이 가수는 단독 콘서트를 열고, 심야 라디오 프로그램도 진행하며 해외까지 팬층을 견고하게 유지하고 있었다.

그러나 그것이 모두 행복으로 이어지는 것은 아닌 듯 화려한 궁중 속에서도 지독한 외로움을 느낀 것 같다. 그는 "천천히 내면을 갉아먹던 우울함이 나를 통째로 삼켜버렸고 결국 병든 마음을 이길 수 없었다."라는 유서를 남겼다.

그동안 내적 갈등이 얼마나 심했을지 어렴풋이 짐작이 간다. 이런 우울증은 어디에서 비롯되었을까. 연습생 생활을 시작한 열네 살은 친구와의 관계가 가장 중요할 때다. 이 시기에 청소년들은 급격한 신체적 성숙을 이루며 자아 정체감을 인식한다. 그래서 친구 관계를 중요하게 여기며 가족에게 털어놓지 못할 고민을 친구와 나누기도 한다.

그렇게 위로받고 조언도 들으며 친구와의 밀접한 관계가 형성되는데 이 시기에 그는 속마음을 털어놓을 친구 하나 없이 고된 연습에만 매달렸을 것이다. 가치관이 제대로 형성되지 못한만큼 몸과 마음으로 입은 상처가 더 컸을지 모른다. 어릴 때 잃은 아버지의 부재로 인한 책임감도 한몫하지 않았을까.

인기와 고수입을 동시에 얻으며 누구보다 화려한 생활로 부러울 것이 없을 듯한 연예인이 돌연 스스로 목숨을 끊었다니 겉으로 보이는 것이 전부가 아니라는 것에 충격이 컸다.

이 사건을 보며 그동안 두 딸에게 조금 어려운 일이 닥쳐도 참고 견디라고만 한 것이 올바른 교육만은 아니었음을 새삼 깨닫는다. 몇 해 전, 큰딸은 수능시험을 치르자마자 아르바이트를 시작해 대학생이 된 후로도 계속 일했다. 마지막 학기에는 조기 취업까지 하여 낮에는 회사 일로 동동거리고, 밤에는 졸업 작품을 만드느라 밤을 꼬박 새우기 일쑤였다. 비몽사몽으로 출근하는 날이 다반사라 늘 피곤함에 절어 있었다. 딸은 회사를 그만 두고 싶어 했지만, 나는 이 고비만 넘기면 될 거라고 참으라는 말만 거듭했다.

작은딸이 일본으로 공부하러 갔을 때도 마찬가지다. 학업과 일이 제 뜻대로 되지 않는지 집에 돌아가면 안 되겠느냐고 물었다. 난 그 정도 어려움은 이미 예상하고 간 것이고, 그걸 이겨내지 못하면 앞으로 무슨 일을 할 수 있겠냐며 참고 견디라고 했다. 내 삶이 온통 참고 견딘 세월이었기에 아이들에게도 그러한 인내심을 길러주는 것이 옳다고 생각한 것이다. 그러다 보면 어느 순간 극복이 되는 것을 여러번 경험하지 않았던가.

사건을 함께 접한 작은딸이 기회를 잡았다는 듯이 "엄마, 저 것 봐. 무조건 참으라고 하는 게 마냥 좋은 것은 아니야. 그 참으라는 말 때문에 언니와 내가 얼마나 힘들었는지 알아? 앞으로는 참으라고 하기 이전에 우리 마음부터 먼저 헤아려줬으면 좋겠어."라고 말했다.

그랬다. 무조건 참는 것이 능사는 아니라는 것을 이 사건으로 크게 느낀다. 어느 날 가수는 엄마와 누나에게 행복하냐고 물었고, 단 1초의 망설임도 없이 그렇다는 대답을 들은 후 충격이 컸다고 한다. 그런데 왜 정작 본인은 행복을 느끼지 못하는지, 왠지 자기는 돈 버는 기계밖에 되지 않는 것 같아 펑펑 울었다고 한다.

화려한 인기만큼이나 불편한 것이 많은 것도 유명 연예인의 삶이 아닐까. 문밖에만 나가도 팬들의 눈이 감시카메라처럼 지켜보고 있으니 여행은 고사하고 집 앞 편의점에서 맥주 한잔인들 마음 놓고 마실 수 있었을까. 그는 멤버 중에서도 나이가 가장 많아 늘 아랫사람을 챙겨야 하는 처지였다고 한다. 그러니 더욱 속엣말을 털어놓을 곳이 없지 않았을까. 병든 마음을 혼자 참고 견디다 결국은 되돌릴 수 없는 선택까지 하게 된 것이 아닌지….

해가 밝게 빛날수록 그림자는 더 짙게 나타나기 마련이다. 화려한 인기 뒤에 가려진 스타의 아픈 그림자를 헤아리지 못했다. 스타에 대한 우리의 지나친 관심이 그들의 숨통을 조이지 않았을까. 특종 앞에선 그들의 삶마저 잔혹하게 파헤치는 언론이나 그런 가십거리에 흥미를 느끼는 우리가 어쩌면 그들의 병을 키우지 않았는지 돌아볼 일이다.

　그들도 마음이 아프면 안심하고 찾을 수 있는 병원과 진료에 대한 비밀 보장권이 마련되어야 하지 않을까. 아울러 사생활에 관한 지나친 기사를 제한하고 악성 댓글을 차단하는 사회적 제도도 만들어져야겠다고 생각한다. 그리하여 두 번 다시 이런 슬픈 소식이 들리지 않기를 소망해 본다.

(2017.)

산불

　뼈대만 남은 새까만 형체 앞에서 한 중년 여인이 망연자실 눈물을 훔친다. 지난밤, 화마가 훑고 간 자리가 처참하다. 집과 농기계, 집 앞에 세워 둔 차, 달리던 버스까지 모두 불에 타 골조만 남았다. 영랑호 주변의 숙박 시설도 까만 재가 되었다. 심지어 날아다니던 참새마저 불에 탄 사체로 발견되었으니 지난밤의 그 긴박했던 순간이 얼마나 공포스러웠을지 짐작이 간다.

　어제저녁 7시 20분경, 강원도 고성군에서 변압기 폭발로 추정되는 불이 났다. 불씨는 초속 30m의 강풍을 타고 도로를 질러 산으로 번졌다. 발화지점이 사람의 발길이 드문 곳이라 곧바로 신고되지 않았고 불은 강풍을 타고 빠르게 번져갔다. 도로는 온통 도깨비불 같은 불씨와 재가 눈가루처럼 날아다녔다. 검은 연기가 앞을 가로막고 대피령에 따라 집을 나선 사람들은 어디로 갈지 몰라 갈팡질팡했다. 버스에 탄 시민이 보낸 영상에서는 도로 바로 앞까지 달려온 불길을 보고 놀란 승객들의 비명이 생생하게 전해졌다. 불씨는 2~30미터 높이로 치솟으며 도로와 집을 마구 집어삼키며 속초 시내를 향해 달려갔다. 저 광기 어린 불길을 어떻게 잡을 수 있을지 나는 뉴스 속보에서 눈을 떼지 못한 채 마음을 동동 굴렸다.

산불 진화는 80퍼센트가 헬기에 의해 이루어지는데 밤이라 헬기가 뜰 수도 없다. 보통 밤에는 바람이 잦아든다지만 이번 바람은 태풍급으로 전혀 수그러들 기미가 없었다. 시속 5km를 내달린 불길이 두 시간여 만에 영랑호 부근까지 접근했다. 청와대와 재난본부, 모두 비상이 걸렸다. 날이 밝으려면 아직 여섯 시간이 더 남았는데 저 불길이 어디까지 번질지 지켜보는 마음이 까맣게 탄다.

그 와중에 강릉에서 또 다른 산불이 발생했다는 속보가 뜬다. 이 무슨 악재인가. 가용 인원을 총동원시켜 산불 진화에 총력을 기울이라는 대통령의 긴급 지시가 떨어진 상태라 주변 지역의 소방 인력이 모두 속초로 향하고 있을 텐데, 강릉 산불은 또 어떻게 진화할 것인가. 며칠 전, 해운대 근처에서도 산불 소식이 전해졌고 건조한 날씨로 온 나라가 산불 비상에 걸렸다. 이러다가 한반도의 산이 모두 불에 타 없어지는 것은 아닌지 봄 가뭄이 야속하다.

동해안은 봄철에 유독 산불이 자주 일어난다. '양간지풍襄杆
之風'이 원인이라고 한다. 양간지풍은 봄철에 양양과 고성 사이
에서 빠르게 부는 바람을 일컫는데 국지적 강풍으로 불을 몰고
온다고 해서 '화풍火風'으로도 불린다. 2005년, 천년고찰인 낙
산사를 모두 태운 양양 산불도 이 때문이었다. 고성 산불도 애
초에 추정한 변압기 폭발이 아니라 개폐기와 연결된 전선에 강
풍을 타고 온 이물질이 스파크를 일으켜 발생한 것으로 전해진
다. 바람이 도깨비처럼 떠다니며 불을 일으킨다면 앞으로 산불
을 막을 방법은 무엇일까.

소방차 363대에 소방관과 민·관·군이 합심하여 필사의 노력
을 기울인 덕분에 아침에는 불길이 많이 잦아들었다. 현장 대책
본부는 현재까지의 피해 면적이 여의도 면적과 맞먹는 250만㎡
에 달한다고 밝혔다. 대조영 촬영장과 방송국 건물, 영랑호 주
변의 게스트하우스와 민박도 모두 흔적 없이 사라졌다. 밤새 추
위와 공포에 떨던 주민이 날이 밝자 집으로 달려왔으나 집이 까
만 재가 되어 버린 것이다. 그동안 애써 가꾼 숲과 삶의 터전이
하룻밤 사이에 날아갔으니 저 마음이 어떨까. 미처 신발도 신
지 못하고 탈출해 새까매진 발바닥이 그 막막한 심정을 대변하
는 것 같다.

불이든 물이든 자연재해는 너무나 무서운 재앙이다. 오늘은
식목일이다. 산불로 인해 대부분의 식목일 행사가 취소되었다.

식목일에 나무를 심다가 부주의로 산불을 일으키는 경우도 종종 있다. 나무를 심는 것도 좋지만, 잘 가꾸고 보호하는 것은 더 중요하지 않을까. 고성 산불은 자연발화였다고 하지만 우리 모두의 작은 부주의가 큰 화를 부르지 않도록 늘 조심해야겠다. '자나 깨나 불조심' 아무리 강조해도 지나치지 않을, 시대를 초월한 경고의 말이 아닐까.

(2019.)

복지 사회

오늘은 어르신 일자리에 참여하는 분들이 매월 한 번씩 오셔서 출석부를 작성하는 날이다. 출근하자 벌써 몇 분이 기다리고 있다. 어제 담당 공무원이 미리 부탁하며 가져다 놓은 서류에 사인을 받고 다음 달에 쓸 청소용품을 나눠 드린다. 이 일은 어르신들이 나를 담당자로 생각할 만큼 내가 맡아서 하고 있다.

그런데 J 어르신이 보이지 않는다. 참여자 명단에도 빠져 있다. 요즘 들어 허리가 더 굽어지고 아픔을 호소하시더니 몸져누운 것은 아닌지 마음이 쓰였다.

어르신들이 모두 다녀가시고 자리를 정리하는데 J 어르신이 문을 빼꼼히 열고 들어오셨다.

"어르신, 어디 아프세요? 왜 일을 안 하세요? 명단에도 빠졌네요?"

놀라서 묻는 내게 어르신은 허허 웃으며 말하신다.

"제가 기초생활수급자가 되어서 일을 못 하게 되었어요. 그래서 인사하러 왔어요."

"어머! 어르신 잘 되었네요. 축하드려요."

"아이구! 감사합니다. 그렇게 축하해주실 줄 알고 제가 온 겁니다. 그동안 친절하게 대해 주셔서 정말 감사했습니다." 어르신이 꾸벅 인사하신다.

J 어르신을 처음 뵌 것은 3년 전이다. 어르신이 일자리에 참여하며 매달 출석부 작성을 위해 도서관으로 오셨다. 나는 주업무가 작은 도서관을 담당하는 사서 일이지만, 새 청사를 짓는 동안 세 들어 있는 임시 청사가 비좁아 도서관까지 오게 된 업무를 돕게 되었다. 그 일은 코로나 업무가 겹치며 더 빈번해졌다. 행정, 복지 등의 업무가 심심찮게 올라왔고 일감을 보고 가만히 있지 못하는 내가 스스로 나선 것이다. 어르신 일자리 관리도 그중 하나다. 어르신들은 2월부터 12월까지 한 달에 열흘 일하고 27만 원의 급여를 받는다. 그 일은 1년 계약직이라 매년 새로 선발한다.

연말이 되어 내년 어르신 일자리 신청을 받고 있었다. J 어르신이 접수하러 오셨다. 어르신은 신청서를 쓰다 말고 내년에도 이 일을 해야 하니 꼭 선발될 수 있도록 힘을 좀 써달라고 부탁하셨다. "어르신, 저는 그런 힘이 없어요. 주무관들이 바빠서 제가 대신 신청만 받아주는 거예요."라고 말했지만, 당신의 딱한 처지를 고치처럼 풀어 놓으며 다시 한번 사정하셨다. 나는 답답한 이야기나 들어주려고 귀를 기울였다.

어르신은 일찌감치 아내와 사별하고 아들과 살고 있었다. 마흔이 넘은 아들이 있지만 용돈은 한 푼도 주지 않는다고 했다. 직장이 없느냐고 묻자 다니는 눈치이긴 한데 돈을 버는지 어쩌는지 모르겠다는 것이다. 공과금도 당신이 모두 낸다니 기초연금에 27만 원의 급여를 보태도 생활이 빠듯할 것 같았다. 그런데 이 일마저 떨어진다면 얼마나 막막할지 그 심정이 조금은 이해가 갔다.

어르신은 식사를 무료 급식소에서 하루 한 끼로 해결하고 계셨다. 일이 끝나면 동료들이 불러도 약속이 있다며 서둘러 사람들의 눈을 피해 급식소로 간다고 했다. 배식이 11시부터인데 일 끝나고 가면 늦어서 늘 허둥거리며 가신다고 했다. 종로를 지날 때면 종종 탑골공원 담장을 따라 끝도 없이 줄 서 있는 어르신들을 볼 때가 있는데 그중에 J 어르신이 계신다니 마음이 짠했다.

"그럼 어르신, 기초생활수급자 신청해 보시지 그래요."

"그것도 알아봤는데 아들놈이 있어서 신청 자격이 안 된대요."

수급자 조건이 가구원의 소득으로 평가되는데 신청 자격이 안 된다면 아들이 아버지에게 돈을 안 줄 뿐 일정한 소득이 있는 것 같았다.

"그럼 어르신 아들을 내보내세요. 아들과 세대만 분리되면 어르신은 신청 자격이 되지요." "그러니까요. 나가라고 해도 갈 데가 없다고 안 나가요. 그러니 내가 답답하지요." 어르신은 속사정을 한참 풀어놓은 후, 끝까지 잘 부탁한다는 말씀을 남기고 가셨다.

이듬해 2월, 새롭게 선발된 어르신들이 모였다. J 어르신도 들어오셨다. "어머! 어르신 선발 되셨네요. 축하드려요."라며 기쁘게 맞아 주었다. "덕분에 또 뽑혔네요."라며 환하게 웃으신다. "어르신, 제가 해 드린 것은 없어요. 저도 1년 계약직인데 운 좋게 뽑혀서 다시 이 자리에 있는 거예요." 우리는 하하 웃으며 다시 일하게 된 기쁨을 나눴다.

J 어르신과 나는 그 이듬해 또 선발되어 매달 반가운 인사를 나누곤 했다. 그 사이 어르신의 허리가 눈에 띄게 굽어지고 아픔을 호소하셨다. 저 몸으로 어떻게 일을 하실지? 어르신의 사정을 알기에 더욱 안타깝기만 했는데 생계비를 받게 되었다니 내 일처럼 기뻤다.

주민센터에서 일하면서 우리나라 복지가 얼마나 좋아졌는지 새삼 느끼게 된다. 기초생활 수급자가 상황에 따라 '생계, 의료, 주거, 교육' 네 가지 형태로 구분된다. 생계 수급자에게는 매달 생활비를 지원하고 소득이 적거나 일정한 소득없이 월세로 산다면 매월 30만 원까지 월세도 지원해 준다. 몸이 불편한 저소득층에겐 의료비를 지원하고, 교육비도 그와 비슷한 형태로 지원된다.

주민센터에 간호공무원이 배치된 지도 오래되었다. 일주일에 2회 주민센터를 찾는 사람에게 혈압과 당뇨 관리를 해주고 취약계층을 찾아가 건강 상태를 살핀다. '우리 마을 돌보미'라는 봉사단체가 취약계층을 주기적으로 찾아가 돌보기도 한다. 저소득층의 주거 환경을 개선해 주고 여름에는 에어컨까지 설치해 주지 않는가. 그 외 쌀, 라면, 쓰레기봉투, 마스크, 김치, 반찬 등 정부나 후원회에서 지급되는 물품도 많아 우리나라가 복지 강국이라는 생각이 종종 든다.

J 어르신이 이런 복지혜택을 받게 되었으니, 앞으로의 삶이 조금은 편할 것 같아 마음이 놓인다. "그동안 감사했습니다." 꾸벅 인사하고 돌아서는 어르신의 뒷모습이 경쾌하다. "어르신, 건강하게 잘 지내십시오." 마주 인사하는 내 마음도 구름처럼 가볍다.

(2024.)

다시, 동심으로

조용한 시골 학교 운동장이 떠들썩하다. 회갑을 넘긴 머리 희 끗한 중년의 친구가 한자리에 모였다. 매년 4월 둘째 주 토요일 은 초등학교 동창회가 있는 날이다. 호랑이띠인 우리는 27회 졸 업생이다. 돌아보니 어느덧 환갑이 지났다. 매년 동창회를 열지 만, 참석자는 일부 친구에 지나지 않는다. 다들 어디서 어떻게 살고 있는지? 이번엔 팔십이 명의 전 졸업생을 참석시켜 보겠다 고 한 친구가 야심 찬 뜻을 밝혔다.

동창을 찾아보니 벌써 하늘로 간 사람이 열 명이나 된다고 한 다. 이에 충격을 받은 친구는 이번 동창회 주제를 '죽기 전에 한 번 보자'로 정하고 "친구야, 잘 살고 있나? 우리 죽기 전에 한번 보자"라고 설득했다. 그 덕분에 평소 두 배 이상인 40여 명의 친 구가 모였다. 그 가운데에는 졸업 후 50년 만에 처음 참석하는 친구도 있었다. 이름도 얼굴도 가물가물해 이름표를 붙인 후에야 반갑다고 방방 뛰는 촌극이 벌어졌다.

모처럼 느티나무 아래가 북적거렸고, 느티나무도 연둣빛 가지를 흔들며 반가운 기색이다. 자연스레 어릴 적 이야기가 꽃을 피운다. 거의 반세기 만에 만났는데도 어색하지 않고 바로 어릴 때의 친구로 돌아가는 것이 신기하다.

임원진에선 모처럼 함께하는 친구들에게 어떤 재미를 안겨주어야 할지 고심이 컸다. 궁리 끝에 어릴 적 놀이를 해 보기로 했다. 이름하여 '추억의 운동회'다. 경기 종목은 제기차기와 고무신 멀리 날리기, 훌라후프 돌리기, 이인삼각 경기 등으로 비교적 안전한 놀이로 준비했다. 하늘은 맑고 바람은 선선했다. 복사꽃 향기 은은한 고향 정취와 함께 경기하기에 딱 좋은 날이었다.

남녀 혼성으로 청군 백군을 나누었다. 경기는 남자들의 제기차기부터 시작되었다. 어릴 때는 눈만 뜨면 하던 놀이였지만, 중년의 몸은 마음만 앞선다. 발등이 제기의 속도를 따라가지 못하고 힘 조절도 되지 않는다. 빗맞은 제기가 저 멀리 달아나고, 그 제기를 따라가려다 민망한 자세가 되어 한바탕 웃음이 터지기도 했다. 발등에 낭창낭창 감기던 제기는 이제 아득한 전설이 되고 만 것 같다.

뒤이어 여자들의 훌라후프 경기가 펼쳐진다. 훌라후프를 허리에 끼워 힘껏 돌려보지만 훌라후프는 두세 바퀴도 채 못 돌고 발밑으로 주르르 떨어지고 만다. 유연한 허리는 이미 상실할 나이가 아닌가. 하지만 춘화는 달랐다. 어릴 때 산과 들로 뛰어다니기를 좋아하고 모든 놀이에 능했던 그 몸으로 예전 실력 못지않은 기량을 뽐냈다.

경기가 점점 열기를 더해간다. 고무신 멀리 던지기가 시작되었다. 고무신을 발끝에 끼어 힘껏 날려보지만 그 또한 마음 같지 않다. 제각각 실력의 차이로 희비가 엇갈리고 운동장은 더욱 함성으로 가득 찬다. 바람이 놀라 달려오고 구름도 걸음을 멈추고 두리번거린다.

이인삼각 경기가 시작되었다. 이인삼각 경기는 두 사람의 호흡이 중요하다. 발맞추기가 쉽지 않을 것 같았지만, 몸이 어릴 때의 감각을 기억한 걸까. 허리를 꼭 껴안고 "하나둘, 하나둘." 호흡을 맞추는 모습이 제법 안정적이다. 이에 자신감이 붙었는지 한 친구가 청백 계주도 해보자고 제안했다. 역시 운동회의 꽃은 청백 계주다. 하지만 예전 같지 않은 몸으로 무리하다가 다칠 수 있기에 애초에 빼기로 하지 않았나. 그럼에도 친구들은 순간적으로 몸 상태를 잊었는지 흔쾌히 동의했다.

여자들이 첫 주자로 나섰다. 응원의 환호성이 쩌렁쩌렁 울린다. 그런데 어쩌나! 발이 땅에 붙은 듯 도무지 나아가질 않는다. 지켜보는 사람이 다 숨이 찰 지경인데 급기야 코너를 돌던 한 친구가 넘어지고 말았다. "어이쿠!" 가슴이 쿵 내려앉는다. 다행히 다친 곳은 없는지 다시 일어나 달린다.

남자들의 경기가 이어지자, 함성은 더 떠나갈 듯 운동장을 채운다. 하얀 러닝셔츠에 까만 사각팬티를 입고 입을 앙다문 채 달리던 어린 소년이 연상된다. 기마전을 하고 차전놀이를 하던 씩씩한 남학생들이 아닌가. 그래서일까. 남자들의 경기가 더욱 박진감 있다. 엎치락뒤치락, 숨 막히는 응원 속에 모든 경기가 끝났다.

청군과 백군이 나란히 선다. 심판이 청군의 손을 힘껏 든다. 청군이 환호를 외쳤다. 하지만 승패가 무슨 의미 있으랴. 건강한 모습으로 함께한 것만으로도 이미 인생의 승리가 아닐까.

모교의 전교생이 50명도 채 안 되게 줄었다니 격세지감이다. 주위의 학교가 폐교로 줄을 잇지만, 모교는 교직원과 학부모, 지역민의 노력으로 위기에서 벗어났다. 환경이 좋고 인성교육을 잘하고 교사들이 열정적으로 가르치는 학교로 입소문이 나고 있다고 한다. 학생 한 명당 바이올린과 첼로를 비롯해 다섯 종류의 악기를 다룰 수 있게 가르치고 코딩과 애니메이션 국악 등도 가르친다니 농촌학교 교육 프로그램이 매우 알차다. 직장인 부모님과 농사일하는 지역 주민이 함께 참여할 수 있는 별빛 운동회도 하나의 전통으로 자리 잡았다. 풀벌레 우는 가을날, 쏟아지는 별빛 아래서 달리는 운동회가 얼마나 낭만 있을까.

여러 가지 노력으로 학교가 건재하고 있는 덕분에 80년의 전통이 빛나는 모교 운동장에서 잠시나마 동심의 세계를 맛볼 수 있었다. 나는 여전히 함께 뛸 수 없었지만, 응원마저도 함께 하지 못했던 그 옛날 운동회의 작은 한풀이가 되었다고나 할까. 즐거운 시간을 함께해 준 친구들이 고맙다.

"우리 단체 사진 찍어야지." 동심이 살아 움직였던 하루, 그 소중한 시간을 카메라에 담는다.

"조산박 친구들 모여라."

"다뱅이 친구들 퍼떡 온나."

"오부실 애들은 어디 갔노?"

정겨운 사투리가 각자 동네 친구를 부르느라 시끌벅적하다. 졸업 앨범과 똑같이 동네별 친구끼리도 찍을 심산이다. "자! 하나, 둘, 셋." 당시 자세를 기억해 내는 모습에서 개구쟁이 6학년의 모습이 되살아난다. 다시, 동심이다.

(2023.)

한 글자 차이로

점심시간이 다가온다. 오늘은 동료와 햄버거를 배달시켜서 먹기로 했다. 핸드폰에 깔아놓은 배달 애플리케이션에 주소를 입력하고 햄버거를 찾았다. 가까운 가게가 뜨지 않고 40분 거리의 가게가 검색된다. 이상하다 싶었지만 점심시간이라 가까운 곳은 배달이 다 찼나 보다 했다.

코로나 이후 배달 문화가 더 발달했다. 대기업에서도 배달 사업에 뛰어들어 주문한 가게와 출발 상태, 어떤 운송수단으로 어디쯤 오고 있는지 지도로 확인할 수 있다. 마냥 배달을 기다리다 가게로 전화를 걸어 언제쯤 오느냐고 확인하던 시대는 옛이야기가 되었다.

배달을 시킨 가게는 광진구 건국대학교 근처였고, 내가 있는 중화2동 주민센터와는 거리가 있었다. 배달 장소로 표기된 곳도 이곳이 아니라서 이상하다는 생각에 지도를 지켜보던 중, '음식 준비 중'이라는 문구가 '배달 중'으로 바뀌었다. 그런데 배달 경로가 내가 지정한 장소가 아닌 다른 집으로 향하고 있었다.

이때 뭔가 잘못되었다는 느낌이 들었다. 급히 해당 앱의 고객 지원센터로 전화를 걸어 배달이 왜 엉뚱한 곳으로 가는지 모르겠다고 확인을 부탁했다. 상담사가 주소를 확인하더니 지금 기사가 가고 있는 그곳이 맞다고 했다.

동일로129길은 내가 일하는 주민센터 앞 도로이고 1은 건물 번호가 맞는데 이상한 일이다. 주소를 다시 확인했다. 아뿔싸! 129길 1이 아니라 129-1로 썼다. '동일로129길 1'은 동일로 129번의 길에서 첫 번째 건물이라는 뜻이고, '동일로 129-1'은 동일로에서 129번째 건물 중의 하나라는 뜻이다. 도로명 주소 체계를 나름대로 안다고 생각했는데 이런 실수를 하고 말았다.

배달 기사에게서 전화가 왔다. 배달을 왔는데 어디 계시냐는 것이다. 죄송하다고, 주소가 잘못 입력된 것 같다고 미안한 마음부터 전했다. 기사는 이곳 주소를 물었다. 확인하더니 20분 정도 걸릴 거라고 했다. 거리로는 7km 떨어져 있다. 나는 제 실수이니 오시지 않아도 된다며 햄버거는 기사님이 드시라고 했다. 하지만 끝내 오시겠다고 했다.

더위가 한창 기승을 부리는 낮 열두 시경은 햇볕이 가장 뜨거울 때다. 아스팔트에서 올라오는 열기에 숨이 막힐 지경인데 이곳까지 오려면 얼마나 힘이 들까. 가시방석에 앉은 듯한 심정으로 기다리며 추가 요금을 내려고 돈을 꼭 쥐고 있었다.

잠시 후, 호리호리하고 키가 훌쩍 큰 젊은 기사가 햄버거를 들고 왔다. "죄송해요. 더운데 고생 많으셨어요. 추가 요금이 얼마예요?"라며 돈을 내미는데 "됐습니다. 멀리 한번 왔다가 간 셈 치면 되죠, 뭐."라며 그냥 나간다. "아니에요. 이 더위에 여기까지 온 것만도 고마운데 받아 가셔야죠."라며 따라 나갔지만, 벌써 사라졌다. 뜨거운 한낮에 7km를 달려왔으니 얼마나 더웠을까. 고객의 실수로 헤매다 권역 밖인 장거리까지 왔으니 충분히 짜증이 날 법도 한데 그런 내색이 없었다. 게다가 추가 요금까지 사양하고 가버리다니, 요즘 보기 드문 청년의 태도가 오히려 더 미안한 마음이 들게 했다.

한편으론 배달 기사의 고충이 느껴지기도 했다. 요즘은 배달 애플리케이션이 매우 발달해 배달 기사의 정보를 고객이 훤히 볼 수 있다. 그러기에 고객들의 후기에 민감할 수밖에 없지 않을까. 행여 불만족 글이라도 올라온다면 난처한 상황이 될 수도 있으니 말이다. 그래서 잘못된 주문이라도 이곳까지 오지 않았나 싶었다. 사실 오늘은 명백한 내 실수였기에 배달원이 못 오겠다고 해도 할 말이 없었다. 하지만 배달료를 더 내면 되지 않느냐고 항변하는 사람도 있을 것이다. 배달원의 생계가 고객의 평가에 달려 있다 보니, 웬만한 수고는 감내할 수밖에 없겠다는 생각이 들었다.

코로나 이후, 일자리나 소득이 줄어 힘겨운 사람이 많다. 거리 두기로 자영업자들의 삶은 더욱 고단하고, 운영하던 가게가 어렵게 되자 배달업에 뛰어든 사람이 많다고 한다. 반면, 밖에 나가지 못하니 음식 배달이 많아졌다. 언뜻 보면 배달 기사의 일이 늘어나 수입이 올라갔을 듯하지만, 그만큼 그 일에 뛰어든 사람이 많으니 호출 잡는 경쟁도 더 치열하지 않을까. 오토바이 앞에 핸드폰을 두세 개 매달고 호출을 잡기 위해 잠시도 눈을 떼지 못하는 배달 기사를 자주 볼 수 있다. 삶은 각박하고, 상대에 대한 배려와 감정은 더 메말라가는 때에 불평 없이 배달을 와준 기사가 생각할수록 고마웠다.

주소 때문에 기사와 통화한 것이 떠올랐다. 커피 한잔이라도 보내야겠다 싶어서 그 전화번호를 저장했다. 곧이어 카카오톡에 배달 기사의 이름이 떴다. 선물하기 버튼을 눌렀다. 약소하지만 커피 한 잔을 보내고 고마움을 글로 전했다. '넉넉한 배려심에 감동했습니다. 그 고마움에 대한 작은 마음입니다. 항상 조심하시고 늘 행운이 함께하시길 바랍니다.' 옛말에 하나를 보면 열을 안다고 했다. 이해와 배려심, 책임감을 두루 갖춘 청년은 어딜 가나 인정받고 사랑받을 것 같았다. 다시는 이런 실수로 상대를 힘들게 하지 않으리라 다짐하며 청년의 밝은 미래를 기원해 본다.

(2021.)

4부

은종나무 아래에서

초록 봉투의 비밀

    말일이 다가오자, 통장 잔액을 정리해야 했다. 주거래 통장 두 개는 모두 마이너스 한도액이 거의 다 찬 상태라 곶감 걸리듯 줄줄이 매달린 자동이체 항목들이 자칫 연체될지도 모를 일이었다.

    통장을 넣어두는 주머니를 가져다 놓고 전화기 앞에 앉았다. 텔레뱅킹으로 일일이 잔액을 확인해야 했기 때문이다. 그런데 통장 하나가 보이지 않는다. 서랍마다 열어서 찾는 중에 경대 서랍 문짝에 딱 붙어 있는 낯선 초록 봉투를 발견했다.

    뭐지?' 하는 마음으로 봉투를 꺼내 보니, '유용하게 쓰세요.'라는 글씨가 적혀 있었다. 글씨체를 보니 작은딸이 쓴 것 같았다. 고개를 갸웃거리며 봉투를 열어 보니, 그 안에는 만 원짜리 지폐 한 장이 들어 있었다. 고1짜리에게 주는 용돈이 고작 2만

원이라 본인 쓰기에도 턱없이 부족한데 어떻게 만 원을 유용하게 쓰라며 넣어 두었을까.

곰곰이 생각해 보니 지난여름 동생들이 사는 서산에 갔던 일이 떠올랐다. 친정엄마의 생신 잔치를 서산에서 했다. 그때 아이들이 외할머니와 이모, 외삼촌으로부터 제법 많은 용돈을 받았다. 돌아오는 길, 터미널에서 표를 끊으려는데 작은딸이 얼른 앞에 나서며 용돈을 많이 받았으니 자기 차비는 본인이 내겠다며 돈을 꺼냈다. 옆에서 아무 생각 없이 서 있는 제 언니에게도 옆구리를 쿡쿡 찔러 빨리 차비를 내게 했다. 엄마가 내겠다고 해도 한사코 매표소에 가서 직접 돈을 냈다. 그러고도 남은 용돈에서 또 만 원을 꺼내 엄마에게 쓰라고 몰래 넣어 둔 같았다.

나는 집에서 니트옷 만드는 부업을 하고 있다. 한때는 베란다의 절반이 일감으로 찰 정도였지만 요즘은 일감이 없어 노는 날이 더 많다. 택시 운전사인 남편의 벌이로는 생활비를 감당하기 어려워 얼마 전부터 아이들 학원을 끊었더니 눈치 빠른 작은딸이 집안 형편을 짐작한 것 같다.

아이는 어릴 때부터 참 특별했다. 너덧 살 때부터도 어딜 가나 엄마를 먼저 챙기고, 초등학교 입학하면서부터 두부, 파, 감자 등의 식자재나 샴푸, 세제 등 생활용품 심부름을 곧잘 했다. 가게 주인은 그런 딸이 착하다며 덤도 종종 얹어주었다. 상추를 사는 날에는 쪽파 한 줌, 두부를 사는 날에는 풋고추 몇 개, 그런 날이면 아이는 신발을 벗는 둥 마는 둥 뛰어 들어오며 "엄마 아줌마가 나 심부름 잘한다고 이것도 줬어." 하며 자랑하곤 했다.

초등학교 3학년이던 어느 날은 공부하다 말고 "나는 대학교에 가면 꼭 장학금을 받을 거야"라며 강한 의지를 나타냈다. 옆에 있던 제 언니가 "야! 네가 장학금 타면 세상에 장학금 못 받을 사람 하나도 없겠다."라며 비아냥거렸다. 그러나 아랑곳하지 않고 "아니야 꼭 받을 거야"라며 더욱 입을 앙다물었다.

이유가 뭐냐고 물어도 고개만 살랑살랑 가로저었다. 나중에야 아이는 엄마에게 전동휠체어를 사주기 위해서라고 했다. 자기가 대학교에 갈 즈음이면 엄마의 나이가 많으니 다리에 힘이 더 빠져 걷지 못할 것으로 생각했나 보다. 그래서 엄마에게 전동휠체어를 사주기 위해 장학금을 꼭 받아야 한다는 것이다. 고작 열 살짜리 아이가 어떻게 그런 생각을 할 수 있는지 그저 기특하고 대견하기만 했다. 엄마의 장애를 부끄러워할 수도 있으련만, 친구에게 당당하게 소개하고, 제 생일에는 오히려 엄마 아빠에게 고맙다며 선물을 사 오기도 한다.

학교에서 돌아온 아이에게 "이거 네가 넣어 둔 거지?" 하며 초록 봉투를 내밀었다. 아이가 피식 웃는다. 바삐, 또 열심히 살아도 형편은 늘 소금쟁이처럼 그 자리를 맴돌아 제대로 해 준 것도 없건만, 이처럼 엄마를 먼저 챙기고 이해하는 딸 덕분에 또 감동받는다. 그렇지만 이 돈은 쉽게 쓰지 못할 것 같다. 초록 봉투에 담긴 딸의 마음을 오래 기억하기 위해 그 자리에 다시 넣어 두기로 한다.

(2008. 09. '김승현 허수경의 라디오가 좋다' 방송)

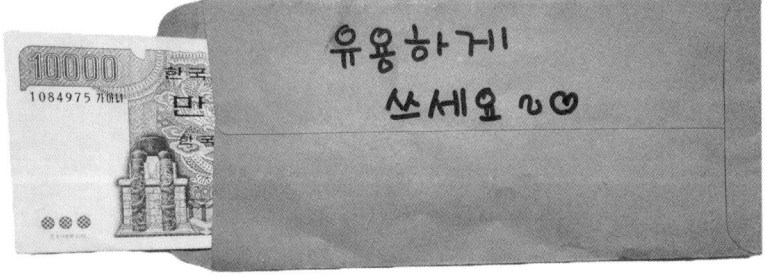

떠돌이 공부

학교에서 돌아온 작은딸이 가방을 메고 다시 나갔다. 7월 5일에 치러질 기말고사를 앞두고 시원한 도서관에 가서 공부하겠다는 것이었다. 학원에 다니는 아이들은 시험 한 달 전부터 주말도 없이 시험 대비 공부를 하겠지만, 학원에 다니지 않는 중3 딸은 마땅히 공부할 공간이 없다.

집에 에어컨이 없으니 너무 더워 도보로 20분 거리에 있는 구립도서관을 생각한 것 같다. 몇 시간 후, 남편이 전화해 보라고 했다. "전화하면 다른 학생들에게 방해되죠. 조금 하다가 오겠지." 하며 도서관에 간 아이에게 무슨 걱정을 하느냐고 퉁명스럽게 말했다. 그러나 택시 운전하는 남편은 학생들의 탈선 장면을 많이 목격한 탓인지 혹시라도 다른 곳에서 노는 건 아닌지 확인해 보라고 재촉했다.

혹시나 하고 전화했더니 바로 받았다. "어디야?"라고 물으니 중랑구청이라고 했다. 구청은 우리 집 바로 옆이다.

"도서관에 간다더니 왜 구청에 있어?"

"도서관에 자리가 없어 여기로 왔어. 여기 에어컨이 있으니까 시원하잖아."

구청 로비에 방문객들이 앉아서 쉬고 대화도 나눌 수 있게 놓아둔 몇 개의 탁자와 의자를 떠올린 것 같다. 아무리 그래도 그렇지. 여러 사람이 오가는 그곳을 공부 장소로 생각한 것이 뜻밖이었다.

"거기는 공부하는 자리가 아니라 사람들이 쳐다볼 텐데 창피하지 않아?" 하고 물으니 그게 무슨 상관이냐며 오히려 집중이 잘 되어 좋다고 했다. 저런 당당함이 어디서 나오는지 때때로 놀랄 때가 많다.

딸은 9시가 다 되도록 오지 않았다. 구청은 이미 6시에 문을 닫았을 테다. 다시 전화를 걸어 어디냐고 물었다. 8시에 구청에서 쫓겨나 지금은 은행이란다. 구청에도 야간 근무자가 있으니 8시까지는 봐준 것 같았다. 은행은 구청 정문 옆에 붙은 우리 아파트 상가 1층에 입출금 전용 자동기계가 설치된 곳을 말한다. 무인 은행치고는 내부가 꽤 크고 창가에 테이블처럼 나무로 넓게 만들어진 공간도 있어 거기에 엎드려 공부를 하나 보았다.

그러나 통유리로 안이 훤히 들여다보이고 이용자들이 수시로 드나드는 곳이 아닌가. 집 놔두고 왜 추하게 떠돌아다니며 공부하느냐고 빨리 오라고 했더니 시원해서 좋다며 조금만 더 하고 오겠단다. 에어컨 없는 좁은 집에서 공부하기가 매우 불편할 줄은 안다. 게다가 혼자 쓰기도 작은 방을 언니와 함께 쓰지 않는가. 책상과 책꽂이, 책과 옷 등 두 아이의 짐이 가득해 더 좁게 느껴지는 방은 더위가 아니더라도 집중할 수 있는 여건이 못 된다.

딸은 다음 날도 도서관에 간다고 나갔으나 또 자리가 없어 구청에 갔다가 은행으로 옮겨 공부하는 중이란다. "너 왜 자꾸 떠돌아 다니면서 공부하는 거야? 집도 없는 아이처럼." 소리치며 빨리 오라고 했다. "엄마 뭐가 창피해? 여기 시원해서 집중이 얼마나 잘 되는데."라며 오히려 나를 나무랐다. "너 정말 은행 맞아?" 괜한 으름장까지 놓아보았다. "엄마는 내 목소리가 울리는 것 보면 모르겠어?" 물론 거짓말할 아이가 아니라는 것은 알지만 괜히 한 번 떠본 것이다. 저녁을 먹고 독서실에 가는 큰딸에게 동생이 어떻게 하고 있는지 살짝 들여다보라고 했다. 잠시 후 전화가 왔다.

"엄마, 다영이 은행에서 공부하지 말라고 해. 사람들이 지나가면서 다 쳐다보고 다영이 학교 남학생들도 눈을 동그랗게 뜨고 쳐다보며 낄낄 웃으며 지나가고 있어. 학원 못 다니는 것 소문내는 것도 아니고, 창피해 죽겠어."라며 펄쩍 뛰었다.

"공부하기는 해?"

"응 문제집을 열심히 풀고는 있어."

"그럼 됐어. 그래도 다영이가 너무 당당해서 좋지 않아? 엄마나 너 같으면 어디 생각이나 할 수 있겠어?"라며 남의 시선 의식하지 않는 작은딸을 슬쩍 추켜세웠다.

"아무튼 엄마, 내일부터 가지 말라고 해." 하며 전화를 툭 끊었다. 나도 작은딸의 당당한 성격을 두둔하기는 했지만, 속이 편치는 않았다. 좁고 무더운 집을 피해 땀을 뻘뻘 흘리며 이십여 분을 걸어간 도서관에 자리가 없어 다시 더위에 이십여 분을 걸어와 수많은 사람이 오가는 구청 로비 한쪽에서 공부하다가 시간이 되면 다시 에어컨이 있는 은행에 가서 공부한다는 것이…. 다른 아이들은 에어컨 바람이 빵빵 나오는 시원한 학원에서 선생님의 알찬 설명을 들으며 편안히 공부할 것이 아닌가.

내가 집에서 하는 기술직의 일감만 있어도 학원을 보낼 수 있을 텐데, 통 일감이 없어 손놓고 있는 형편이라 중학생인 딸의 학원을 끊어야만 했다. 잠시 후 아이가 돌아왔다.

"공부 많이 했어?"라고 아무렇지 않게 물었더니 "응! 엄마 공부 짱 잘돼."라며 싱글거리기까지 한다.

"넌 사람들이 쳐다봐도 부끄럽지 않아?"

"왜 부끄러워? 내가 공부하겠다는데. 난 그런 것 신경 안 써."라며 외국인처럼 어깨를 들썩한다. 어쩌겠는가. 남의 시선 따윈 아무 상관이 없다며 시원한 곳을 찾아 공부하겠다는데. 그곳에서 하는 공부가 더 집중이 잘 된다니 시험이 끝날 때까지 그냥 두고 봐야겠다. 많은 사람의 시선을 이겨 낼 수 있는 것도 하나의 인생 공부라고 생각하면서.

(2007. 07. '여성시대' 방송)

PS. 이 편지가 도착할 즈음 여성시대에서는 에어컨을 상품으로 내건 여름 특집을 준비 중이었나 보았다. 그때 마침, 이 글이 도착했고 특집에 딱 맞는 글로 뽑혀 벽걸이 에어컨을 받아 이듬해부터는 떠돌이 공부를 끊을 수 있었다.

네 성적에 잠이 오냐?

중학교 3학년인 큰딸이 7월 초에 치를 기말고사를 앞두고 부산을 떤다. 공부하기 위해서 방부터 정리하겠다고 나선 것이다. 평소에 좀 깨끗이 하지. 공부하기도 바쁜 시간에 어질러진 방을 언제 다 치울까. 괜한 시간 낭비를 하는 것 같아 속이 터지지만, 한편으론 그 핑계로 방은 좀 깨끗해지겠다 싶어 지켜보았다.

딸은 거실에 놓인 컴퓨터에서 무엇을 인쇄하는지 연신 들락거린다. 그렇게 몇 시간 동안 수선을 떨더니 "엄마 우리 방에 좀 와 봐." 하고 베란다에서 일하는 나를 부른다. 의기양양한 목소리에서 큰 자부심이 느껴진다. 얼마나 깨끗이 치웠기에 저렇게 자신만만할까 싶어 내심 기대를 하며 슬금슬금 아이들 방으로 향했다. 문 앞에 다다른 나를 "잠깐" 하며 걸음을 멈추게 하더니 천천히 방문을 연다. 마치 집수리 프로그램에서 공사를 마친 후 주인에게 집을 공개할 때 취하는 모습과 흡사하다.

"짜자 잔~~ 엄마 이것 봐. 잘해 놓았지?" 발레를 하듯 두 팔을 벌리고 방을 한 바퀴 팽그르르 돈다. 그 손끝을 따라 방을 휘둘러보니 방이 아주 딴판이 되어 있었다. 책상 위에 수북이 쌓인 책들이 제 자리를 잘 찾아 정돈되었고, 방바닥에 뒹굴던 옷과 가방도 가지런히 정리되었다.

"오우! 우리 딸, 방 청소 아주 잘했네." 매일 방 좀 치우라고 입버릇처럼 말하던 나는 매우 만족한 웃음을 띠며 칭찬했다. 그런데 책상 앞에 못 보던 문구들이 잔뜩 붙어 있다.

〈시험 못 치면 사망이야〉 〈피할 수 없으면 즐겨라〉라는 글들이 벽 곳곳을 장식하고 있다. 6학년 때부터 좋아하던 UN의 멤버 김정훈 사진 옆에는 〈우리 다혜 공부하는구나? 옳지! 열심히 하면 오빠가 뽀뽀해 줄게〉라는 말풍선 표어도 붙어 있다. 자기가 공부를 열심히 하면 김정훈이가 이렇게 칭찬해 줄 것이라는 상상으로 적어놓은 것 같다. 어디 그뿐인가. 거울에는 〈거울 볼 시간에 한자라도 더 공부하자〉라는 글까지 붙여 놓았다. 어이가 없다. '저러는 시간에 영어 단어 하나라도 더 외우지' 하는 생각이 들었지만, 내색은 하지 않았다. 딸은 매우 흡족한 표정으로 "엄마, 내가 마음 다잡기 위해 붙여 놓은 거야. 잘했지?"라며 의기양양하다.

"엄마 천장에도 있어. 봐봐." 딸이 치켜든 손가락을 따라가다가 포복절도하고 말았다. 〈네 성적에 잠이 오냐?〉라는 글귀가 천장 가운데 떡 붙어 있는 것이다. 그것도 불을 꺼도 보이는 형광펜으로 써서…. 정말 자려고 누웠다가도 저 글귀를 보면 오던 잠이 달아날 것 같다. 하지만 딸이 과연 저 글을 보고 다시 일어나 공부할까? 절대 아닐 것이다. 시험 때마다 계획표만 요란하게 세워 놓고 제대로 실천하는 것을 본 적이 없으니 말이다.

"너, 매번 계획표는 그럴듯하게 만들어 놓고서 한 번이라도 거기에 맞추어 공부해 봤니?" 하며 핀잔을 주자 "에이! 엄마, 설마 내가 저렇게 공부하겠어? 저건 어디까지나 전시용이지." 한다. 어처구니가 없다. 한심한 표정을 짓자 "엄마, 그래도 폼은 나잖아. 누가 와서 보더라도 '이 집 애들 공부를 참 열심히 하는구나'라는 생각은 할 거 아냐. 내가 바로 그걸 노리는 거지."

그럼 그렇지. 제대로 공부할 아이라면 저렇게 시간 낭비도 하지 않겠지. 제 방이 무슨 전시관이라고 온통 계획표와 표어로 도배를 하는지. 엉뚱한 발상에 자꾸 헛웃음만 나온다.

그래도 이처럼 능청을 떨 수 있는 아이로 변한 것이 고맙다. 어릴 때는 내성적인 성격으로 친구를 잘 사귀지 못하고 자기 의사도 잘 나타내지 못했다. 초등학교 2학년 학예회 때는 장기자랑을 같이 하기로 하고 연습한 친구가 말도 없이 다른 친구와 발표하는 바람에 혼자서는 도저히 못 해서 반 아이들의 야유를 받기도 했다. 그런 딸의 모습이 꼭 어린 시절의 나를 보는 것 같아 속이 상했는데 조금씩 활발해지는 모습이 반가운 것이다. 엄마 앞에 궁둥이도 씰룩이고 두 손가락으로 양 볼을 꾹꾹 찔러 "으으응." 하며 어울리지 않는 콧소리로 애교도 부린다. 그 뜻을 선뜻 다 받아주지는 못하지만 자기가 하고 싶은 말을 내뱉을 수 있다는 것이 그저 반갑다.

작년부터 딸과 약속한 것이 있다. 평균 90점을 넘기면 MP3를 사 주겠다고 했다. 1점이 모자라 아쉬웠던 중간고사의 성적을 기말고사에서는 뛰어넘어 내가 약속을 지킬 수 있기를 기대해 본다.

딸이 말은 장난처럼 하지만 중3의 각오를 새롭게 다지는 것 같기도 하다. 일요일이면 즐겨보는 TV도 마다한 채 구립도서관으로 향하니 말이다. 덕지덕지 붙여 놓은 저 표어가 아주 전시용은 아니길 빌어본다. 〈네 성적에 잠이 오냐?〉는 표어가 〈네 성적이면 충분히 자도 돼!〉로 바뀔 수 있는 날이 올지도 모른다는 기대로.

(2005. 06. '여성시대' 방송)

행복한 미역국

2월 5일, 오늘은 내 생일이다. 마침 일요일이라 아이들도 쉬는 날이다. 그러니 미역국 끓여 먹는 것도 귀찮아서 늦잠이나 푹 잘 참이었다. 그런데 이른 아침, 주방에서 달그락거리는 소리가 들렸다. 처음엔 '누가 물을 먹으려고 나왔나?' 했는데, 싱크대 여닫는 소리, 따닥따닥 칼질하는 소리까지 들리니 누가 요리를 하는 것 같았다. 누구지? 개인택시 운전을 하는 남편은 이미 새벽에 일을 나갔고, 아직 아직 초·중학생인 딸들이 요리할 리가 없는데 이상했다.

가만히 추측해 보니 남편이 아내 생일이라고 다시 들어와 요리하는 게 아닌가 싶었다. 평소 퉁명스럽고 나무토막처럼 뻣뻣해 재미라고는 조금도 없는 사람이 어쩐 일로 아내 생일을 챙기나 싶어 피식 웃음이 났다. 모른 척하고 있다가 부르면 나가야지 하는 마음으로 다시 이불을 뒤집어썼다.

그사이 깜박 잠이 들었나 보다. 일어나 보니 9시가 넘었다. '아니! 왜 이 시간이 되도록 깨우지 않지? 생일상은 어떻게 되었을까?' 궁금한 마음에 살그머니 방문을 열고 내다보았다. 주방이 조용했다. 예상이 빗나갔다는 생각으로 밖으로 나왔다. 열세 살짜리 작은딸이 거실에서 텔레비전을 보고 있었다. 나는 달그락거리던 소리의 출처를 찾기 위해 주방으로 가 보았다. 가스레인지 위에 냄비 하나가 올라와 있다. 열어 보니 참기름이 동동 뜬 미역국이 따끈한 온기를 머금은 채 담겨 있다. 그런데 남편의 모습이 보이지 않아 딸에게 물었다.

"아빠는?"

"무슨 아빠?"

"아빠 안 오셨어?"

"응."

"그러면 저 미역국은 누가 끓였어?"

"내가 끓여 놓은 건데…. 오늘 엄마 생일이잖아."

"뭐~어! 네가 어떻게 미역국을 끓여? 끓이는 방법은 어떻게 알았어?"

"인터넷에서 찾아서 그대로 따라 했지."

그러고 보니 식탁 위에 미역국 끓이는 방법이 적힌 종이가 놓여 있다.

미역을 불려 박박 문질러 씻는다.

먼저 참기름으로 달달 볶다가 물을 붓고 끓인다.

마늘을 넣고 조선간장으로 간을 맞춘다.

미역국 끓이는 방법이 순서대로 적혀 있다. 초등학교 졸업을
앞둔 아이가 엄마 생일상을 차리기 위해 인터넷을 뒤져 미역국
끓일 생각을 하다니, 참으로 기특한 일이 아닐 수 없다. 세 살 위
인 제 언니는 아직도 세상모르고 잠자고 있는데 말이다. 살짝 맛
을 보니 간도 잘 맞고 오히려 나보다 더 잘 끓인 것 같다. 작은딸
은 이렇게 때때로 감동을 안겨준다.

며칠 전에는 작은딸의 생일이었다. 생일에는 미역국 대신 아
이들이 좋아하는 경상도식 소고깃국을 끓이고, 그 외에 몇 가지
반찬을 더해 생일상을 차려준다. 저녁이면 온 가족이 모여 통닭
과 케이크로 조촐한 파티를 여는 것이 생일 축하의 전부다. 형
편이 여의찮다는 핑계로 선물을 따로 준비하지 않아도 불평하
지 않는 아이들이 고맙다.

그런데 자기 생일에 낳아주셔서 감사하다며 오히려 엄마 아
빠에게 선물을 주었다. 풀어 보니 수면 양말과 귀마개였다. 베
란다에서 봉제 일을 하는 엄마에게는 발이 시릴까 하여 톡톡한
양말을 사고, 개인택시 운행으로 새벽에 일 나가는 아빠에게는

귀가 시릴까 하여 귀마개를 산 것이다.

너덧 살 때부터 엘리베이터를 타고 내릴 때면 절대 저 먼저 타고 내리는 적 없이 불편한 엄마부터 챙겼다. 횡단보도를 건널 때도 손을 번쩍 들어 양쪽에 선 차들을 주시하며 '우리 엄마 다 지날 때까지 차를 움직이지 말라'는 무언의 눈짓을 보내곤 했다. 엄마를 대신해 채소가게나 마트에 다녀오는 심부름도 잘해서 칭찬을 자자하게 듣기도 했다.

일하는 엄마 앞에서 공부하거나 놀다가도 "아함~~" 하는 내 작은 하품 소리라도 들릴라치면 "엄마 졸려? 커피 타 줄까?"라며 고사리손으로 커피도 곧잘 타 주었다. 어쩌면 눈치도 그렇게 빠른지, 아마도 엄마의 불편함을 알고 하늘에서 보내준 천사가 아닐까, 하는 생각이 종종 들 정도인데 이 아침 또 뭉클한 감동을 선물한다.

비록 고기 한 점 들어 있지 않은 미역국이지만 온 정성으로 끓여준 딸의 미역국 덕분에 행복한 생일을 맞이한다.

(2006. 02. 'SBS 와와쇼' 방송)

.

주꾸미 샤부샤부에 행복이 풍덩

    휴일이다. 마침 남편도 쉬는 날이다. 개인택시를 하는 남편은 3일에 하루 쉬는 날이 돌아오기에 주말에 쉬는 날이 한 달에 한두 번쯤 된다. 특별히 하는 것은 없지만 온 가족이 다 같이 쉬는 날은 그저 마음이 편하다. 시간 맞춰 오는 남편의 아침을 차리지 않아도 되니 아침밥만 예약해 놓고 늦잠을 자며 마냥 게으름을 피워도 되기 때문이다.

    '삑삑' 밥이 다 되었다는 신호음이 울리면 남편은 나를 깨울 것도 없이 살그머니 일어나 전날 먹던 찌개에 밥을 혼자 챙겨 먹고 거실에서 TV를 본다. 그러다가 아이들이 일어나면 아이들 아침까지 모두 챙겨 먹인다. 그러는 사이 나는 눈을 떴다 감았다 TV를 보다가 말다가 하며 안방에서 꼼짝하지 않는다. 어느새 점심시간이 되고 남편이 칼국수 끓일 준비를 한다. 쉬는 날

점심은 늘 칼국수가 단골 메뉴인데, 남편이 직접 차려주는 밥상을 받다 보면 어느 여왕도 부럽지 않다.

달그락거리며 점심 준비를 하던 남편이 어디선가 걸려 온 전화를 받는가 싶더니 방문을 벌컥 열고 "기상, 기상." 호떡집에 불난 것처럼 호들갑을 떨었다. 나는 "왜~에?" 인상을 찌푸린 채 성가신 내색을 했다.

"빨리 일어나. 응진이가 온대."

"서방님이 왜?"

한라산에 놀러 갔던 서방님이 인천항에서 주꾸미를 사서 온다는 것이다. 아마도 주꾸미를 좋아하는 형님 생각이 나서 샀나 보았다. 남편은 서방님이 지금 거의 다 왔다며 어서 일어나 옷을 입으라고 재촉했다. 시동생이 온다는 말에 용수철처럼 벌떡 일어나 이불 개고 집 정리하느라 한바탕 수선을 떨었다.

얼른 세수하고 옷까지 차려입으니 "딩동딩동" 벨이 울린다. '아니 그새 오셨나?' 문을 열어보니 위층에 사는 남편 친구다. 수시로 드나들기에 지나는 길에 또 놀러 오신 것이다. 잠시 후 또다시 "딩동딩동" 벨이 울린다. 서방님인가 하고 나가니 이번엔 이웃 아파트에 사는 남편의 형님뻘인 부부가 오셨다. 그런데 잠시 후 또 한 분의 남편 친구가 오셨다.

아무리 수시로 사람이 들락거리는 집이라지만 타이밍이 참 묘하기도 하다. 남편에게 불렀냐고 물으니 아니라고 한다. 우리는 조금만 색다른 음식을 해도 사람들을 불러서 같이 나눠 먹곤 한다. 그래서 손님이 끊이지 않고 늘 북적거리는데 오늘은 절묘한 시간에 우연히 다 모였다.

그렇게 우리 부부까지 여섯 명이 주꾸미를 기다리게 되었다. 얼마 후 큰 배낭을 짊어진 서방님이 오셨다. 문을 열자, 뜻밖의 손님에 놀라서 서방님의 눈이 잠시 커졌다. 그러나 서방님 또한 사람을 좋아하기에 이내 잘 되었다며 서둘러 주꾸미 보따리를 꺼내놓았다.

나는 주꾸미를 데쳐 고추장에 찍어 먹자고 했더니 서방님은 주꾸미 파는 아주머니에게 배웠다며 샤부샤부를 해 먹자고 했다. 무와 양파, 대파 다시마 마늘을 넣고 소금 간을 살짝 한 물을 팔팔 끓이고 그 물에 주꾸미와 미나리, 쑥갓을 넣어 살짝 데쳐서 초장에 찍어 먹으면 맛있다고 했다는 것이다.

나는 우선 집에 있는 재료로 육수를 안치고 남편은 미나리와 쑥갓을 사러 나갔다. 서방님도 팔을 걷고 주꾸미를 손질했다. 잘 우려낸 육수와 깨끗이 손질한 주꾸미, 흐르는 물에 잘 씻어낸 채소까지 모든 준비가 끝나자 열일곱 평짜리 좁은 거실에 상을 펴고 일곱 명이 무릎을 맞대고 옹기종기 모여앉았다.

상 가운데에 휴대용 가스레인지를 놓고 육수를 옮겨와 얹었다. 다시마가 노랗게 잘 우러난 팔팔 끓는 물에 주꾸미를 먼저 넣고 잠시 후 각종 채소도 넣었다. 한 2분 정도 지난 후 주꾸미의 다리 부분만 잘라서 살짝 데쳐진 채소와 함께 건져 먹고 먹물이 들어 있는 머리는 잘 익도록 더 오래 끓였다. 향긋한 미나리와 쌉싸름한 쑥갓 향과 어우러진 주꾸미는 그 맛이 일품이었다. 항구에서 바로 가져온 것이라 싱싱함이 살아 있어 더욱 그런 것 같았다.

덕분에 나는 못 먹는 술도 석 잔이나 마셨다. 서방님이 제주도에서 사 온 조껍데기 술이 달콤해서 먹기가 좋았다. 기분이 알딸딸해졌다. 순간, 사람 사는 게 별건가 바로 이런 게 행복이라는 생각이 들었다. 한라산까지 등반하고 배를 타고 오느라 무척 피곤했을 텐데도 형이 좋아하는 주꾸미를 그냥 지나치지 못하는 동생의 마음, 그 덕분에 좋아하는 주꾸미를 이웃과 나눠 먹는 즐거움으로 남편의 얼굴에도 하회탈 같은 웃음이 가득 번졌다. 우연히 들렀다가 생각지도 못한 맛있는 주꾸미를 얻어먹게 되었다는 이웃들의 얼굴에도 환한 웃음꽃이 피었다. 조금만 색다른 음식을 해도 이웃과 나눠 먹기를 좋아하는 우리 부부는 이렇게 북적거리는 속에서 행복을 찾아가고 있다.

비록 온종일 받아야 할 여왕 대접이 반나절 만에 끝났지만, 속 깊은 서방님의 마음 덕분에 즐거운 휴일이었다.

(2006. 04. '손숙 김승현의 편지쇼' 방송)

냄새나는 양말이 전하는 행복

두 딸을 학교에 보낸 후, 청소를 위해 아이들 방으로 들어간다. 한숨이 절로 나온다.

교복을 꺼내 입고 내동댕이쳐 놓은 옷걸이와 훌러덩 벗어놓은 잠옷이 방바닥에 뒹굴고, 책상 위에는 책들이 어지럽게 널려 있다. 매번 이런 식이니 마음 같아선 그냥 놔둔 채 문을 쾅 닫고 나오고 싶다. 하지만 그대로 두면 내일은 더 많이 쌓일 것이 뻔하기에 깊은 심호흡으로 마음을 가다듬고 주섬주섬 치운다.

잠옷을 반듯하게 접어 바구니에 담고 책들은 가지런히 책꽂이에 꽂는다. 이어 청소기를 밀고 방을 닦은 후 빨래 바구니를 살핀다. 세탁기에 돌릴 빨래와 손빨래 감을 구분해 세탁기를 돌려놓고 손빨래 감은 들고 목욕탕으로 들어간다. 두 아이가 벗어놓은 교복 남방과 택시 운전사인 남편의 유니폼, 속옷과 양말 등이 손빨래를 기다린다.

납작한 목욕탕 의자에 궁둥이를 붙이고 앉는다. 빨래는 날마다 해도 왜 이렇게 많은지, 하얀 거품 속에 푸념을 담아 벅벅 문지른다. 교복과 남편의 유니폼, 속옷 순으로 비벼놓으면 다음은 양말 차례다. 천방지축 뛰어다니는 아이들의 하얀 양말은 손으로 비벼서는 때가 잘 빠지지 않기에 먼저 바닥을 솔로 문지른 후 비벼서 빤다.

매번 솔로 문지르는 일이 성가셔 색깔 있는 양말을 권해보지만, 한사코 하얀 양말만 고집한다. 그것도 학원에 갈 때 또 한번 갈아 신으니 하루 두 켤레씩을 꼭꼭 벗어놓는다. 학교에 신고 갔던 거 그냥 신고 가면 어떠냐고 해도 누가 발바닥을 들여다보기라도 하는지 더러워서 안 된다며 기어이 갈아 신는 것이다.

도르르 말려 있는 양말을 펴서 비누를 칠한 후 솔질을 하려는데 황당한 일이 벌어졌다. 때가 낀 양말 바닥에 까만 볼펜으로 하트가 그려져 있고 그 옆에는 "엄마 힘내세요."라고 적혀 있다. 참으로 기발한 발상이다. 어떻게 꼬질꼬질한 양말에 글을 써서 엄마에게 힘을 주려고 했을까. 그만 폭소가 터지고 말았다.

엉뚱하다고 해야 할지, 기발하다고 해야 할지, 엄마가 항상 양말 바닥을 솔질해서 빠는 것을 알고 있었나 보다. 두 딸의 양말이 똑같으니 누가 했는지 알 수 없다. 장난기로 보면 작은딸인 것 같고, 엉뚱한 것으로 보면 큰딸인 것도 같다. 큰딸은 겉으로 보기에는 얌전하고 평범하지만 생각하는 것이 조금 엉뚱한 데가 있다. 친구끼리 쇼핑을 가도 남다른 제품에 관심을 보여 "너는 참 취향도 특이하다."라는 소리를 종종 듣는다고 한다. 아직 사물을 보는 눈이 덜 성숙한 건지 아니면 상상력이 풍부한 건지 그림이나 만화를 그릴 때, 또는 노트 정리를 할 때도 특이한 발상으로 깜짝깜짝 놀라게 한다.

작은딸은 눈치가 빠르고 장난기도 많다. 그래서 엉뚱한 발상을 했을지도 모른다. 어쩌면 두 딸이 머리를 맞대고 엄마를 웃겨보자며 키득대며 같이 썼을지도 모르겠다. 종종 무엇을 하는지 낄낄대는 소리가 문틈 사이로 새어 나오곤 한다.

딸들은 요즘 여러모로 힘들어하는 엄마를 어떻게든 위로하고 싶었나 보다. 남다른 발상으로 엄마의 시름을 잠시나마 달래주려는 마음이 기특하다. 지저분하게 늘어놓았다고, 날마다 무슨 빨래가 이렇게 많으냐고 구시렁대던 푸념이 일순 웃음으로 번져 행복한 아침이다.

(2005. '손숙, 김범수의 아름다운 세상' 방송)

은종나무 아래에서 당신께

　여보, 여기는 영휘원입니다. 키 큰 갈참나무와 몸피가 울퉁불퉁한 산사나무, 느티나무 등은 이미 짙은 초록으로 몸치장을 끝낸 듯합니다. 저는 지금 그 중 함초롬히 꽃을 피워 레몬 같은 향기를 뿌려주는 은종나무 아래에 앉아 있습니다.

　오늘 이곳에서는 세종대왕 탄생을 기념하는 초, 중, 고, 학생들의 백일장이 열리고 있습니다. 각지에서 모여든 수많은 학생의 무리 속에는 우리 딸 다혜도 끼여 작품 쓰기에 열중하고 있습니다.

　당신과 내가 결혼한 지 어언 20년, 그사이에 태어난 두 딸 중 큰딸인 다혜가 벌써 대학입시를 앞두고 있네요. 방송작가가 꿈인 다혜는 문예창작학과에 지원하기 위해 특기자 전형을 준비하려고 오월에 집중된 백일장을 찾아다니는 중이지요. 글제를 받아 든 다혜는 손가락으로 머리카락을 죽죽 빗어 넘기며 골똘한 생각에 잠겼습니다. 그렇게 진지한 옆모습을 가만히 바라보고 있자니 우리가 함께 살아온 세월이 아련한 그림자가 되어 눈앞에 밟힙니다.

제 나이 스물일곱에 당신과 처음으로 맞선을 보게 되었지요. 당신의 첫인상은 참으로 순박했어요. 남자가 무슨 부끄러움이 그리 많은지 고개도 제대로 들지 못하고 말주변도 없어 조금은 답답하기도 했습니다. 당신은 제가 마음에 드는 눈치였습니다. 저는 서너 번의 만남을 이어가는 동안 고민도 많았지만 결국 결혼하기로 했습니다. 후줄근한 외모쯤이야 여자가 챙겨주기 나름이라 생각했고, 착해 보이는 당신이 제 말은 잘 들어 줄 것 같았습니다.

막상 결혼하고 보니 당신은 참으로 엉뚱한 고집을 지닌 사람이었지요. 나이 들어 보이는 머리 스타일을 젊게 바꾸어 주려 하면 머리를 절레절레 흔들어 버리고 옷을 사 주려고 해도 저만치 달아나곤 했지요. 술을 마시면 괜스레 큰소리를 내고 때와 장소를 가리지 않는 그 행동이 때때로 저를 무척 난처하게 만들었지요. 평소엔 숫기가 없어 말도 잘 못하는 사람이 술을 마시면 어디서 그런 용기가 나는지요.

하지만 착한 심성에 인정도 많고 몸에 밴 부지런함과 성실함, 또 강한 생활력은 따를 자가 없었지요. 술 마시고 아무리 늦게 들어와도 새벽이면 어김없이 일을 나가니 저는 결혼생활 20년 동안 한 번도 당신을 깨워본 적이 없습니다.

우리는 취미와 성격, 대화법 자체가 달라 자주 부딪혔지만 강인한 정신력과 부지런함, 알뜰한 생활 습관 하나는 꼭 닮은 부부였습니다.

저는 결혼 후 곧바로 맞벌이를 시작했고 임신 8개월의 만삭에도 일을 다녔습니다. 사람들은 저를 보고 억척스럽다고 했지요. 열심히 산 보람이 헛되지 않아 자그마한 집을 장만하고 두 아이를 밝고 건강하게 잘 키워 나갔지요. 그 아이들이 벌써 고등학교 3학년, 1학년이 되었으니 20년의 세월이 꿈같이 흘러갔네요.

당신은 요즘 주말농장에서 채소 가꾸는 재미에 흠뻑 빠졌지요. 틈만 나면 밭에 나가 상추, 쑥갓, 열무, 배추 등 뾰족뾰족 돋아나는 새싹을 바라보며 행복해하지요. 사람이든 채소든 생명이 있는 것은 주는 사랑만큼 크는 법이라며 포기마다 정성으로 거름과 물을 주고 있지요. 몇 푼어치도 안 되는 채소 돌보느라 일은 언제 하느냐고 괜한 볼멘소리를 해보지만 저는 압니다. 당신의 그러한 사랑이 우리 두 딸에게도 훌륭한 밑거름이 되고 있다는 것을요.

외출에서 돌아올 때면 항상 허리춤에 간식을 감추어 오곤 하지요. 붕어빵, 호떡, 과자, 아이스크림 등이 당신의 눈을 피해 갈 수 없나 봅니다. 가끔 주머니가 두둑한 날이면 통닭과 피자로 아이들의 얼굴에 함박꽃을 피우기도 했지요.

여보, 당신은 참 좋은 아빠입니다. 저는 가끔 당신이 사 온 간식을 앞에 놓고 아이들과 도란대며 먹고 있는 모습을 보며 아빠에게 지극한 사랑을 받는 딸들이 부러울 때가 있습니다. 나는 언제 아버지에게 저런 살뜰한 사랑을 받아 보았는지 생각하면서 말입니다.

당신은 내게도 고마운 남편입니다. 제가 조금만 아프다고 하면 어느새 나가 약을 사 오고 집안일도 곧잘 도와주지요. 음식물쓰레기와 재활용품 버리는 것은 아예 당신의 몫이 되어 버렸고, 종종 빨래도 널고 청소기도 밀어주지요. 밥도 혼자서 잘 챙겨 먹기에 제가 가끔 외출할 때도 밥걱정 없이 편히 다녀올 수가 있습니다.

여보, 이제 백일장 마감 시간이 다가왔나 봅니다. 1시간 30분이라는 짧은 시간 안에 다혜는 연습장에 쓴 초고를 다 옮겨 쓰지 못해 본론을 뚝 잘라 먹고 서둘러 결론을 지어 제출했습니다. 급히 마무리하느라 글이 잘 연결되지 않았겠지만, 걷어낸 문장 속엔 굳이 필요치 않은 문장도 제법 있었을 겁니다.

당신과 나 사이에도 그런 불필요한 문장은 없을까 생각해 봅니다. "당신 술버릇 좀 고쳐요." "당신 목소리가 왜 그리 커요." "왜 밖에서 소리 질러요." 등 제 마음에 들지 않는 당신의 행동을 고치려고 끝없이 잔소리한 것이 어쩌면 군더더기 문장이 아닐까 싶습니다. 서로의 다름을 이해하지 못하고 당신을 내 뜻에 맞추려고 안간힘을 썼지요. 당신은 나의 장애를 서슴없이 받아 주었는데, 저는 장애 때문에 더 나은 사람을 만나지 못했다는 피해의식에 사로잡혀 있었는지도 모르겠습니다.

여보, 우리 이제 조금씩만 더 이해하고 사랑하며 정답게 인생 길을 걸어가기로 해요. 그 길 위에서 이처럼 향기로운 은종나무도 만나고 가만히 귀 기울이면 들릴 것 같은 맑은 종소리에 잠시 쉬어가기도 하면서요. 그러고 보니 은종나무 꽃이 우산을 펼친 것처럼 아래로만 향하고 있네요. 낮은 것을 더 살피고 더 귀히 여기라는 뜻이 담긴 게 아닐까요. 뜻하지 않은 깨달음으로 기분이 좋아지네요. 저녁에 봐요.

(2008, 5,)

오월로 가신 아버지께

아버지, 담장에는 붉은 장미가 피어나고, 숲은 점점 진초록으로 짙어가는 오월입니다. 가지마다 탄생의 기쁨이 술렁이는 이때 당신은 홀연히 먼 길을 떠났습니다. 아버지, 당신은 지금 두견새 우는 저 오월의 숲에서 편안히 쉬고 계시겠지요?

아버지가 우리 곁을 떠난 지도 어언 22년, 제가 결혼한 지도 벌써 22년이 되었습니다. 저는 공교롭게도 아버지가 가신 그해 가을에 결혼했습니다. 친구가 소개해 준 남자와 빠르게 진행되는 뜻밖의 혼인이 불효를 범하는 듯도 했지만, 한편으로는 아버지의 도움인가 싶기도 했습니다. 장애가 있는 딸이 배필을 만나지 못할까 봐 늘 노심초사한 아버지였으니, 하늘에서 짝을 지어 주시는 듯 말이에요.

저는 두 딸을 두고 있습니다. 큰딸은 대학교 2학년이고, 작은

딸은 고3으로 대학입시에 열을 올리고 있습니다. 아버지는 입시 철만 되면 누구네 아들딸이 어느 대학에 입학했는지 관심이 많았지요. 그 관심의 초점은 장남인 진우에 대한 기대이기도 했습니다. 장남이 잘되어야 그 그늘에서 집안이 술술 풀린다고 생각하셨겠지요.

진우는 지금 유통업에 박차를 가하고 있습니다. 각 식당에 식재료를 납품하는 사업인데, 김치 하나로 시작한 일이 지금은 200여 가지의 품목으로 늘어 영업사원도 세 명이나 두고 눈코 뜰 새 없이 바쁘게 지냅니다. 진우와 수애, 영우, 세 동생은 모두 서산에 살고 있어요.

한 아파트에 둘레둘레 모여 살면서 우애를 나누는 모습이 참 보기 좋습니다. 지난주에는 우리 부부가 서산에 다녀왔습니다. 안면도에 가서 낚시하고, 바다와 어우러진 아름다운 경치도 보면서 즐겁게 지내고 왔습니다. 동생들은 제가 갈 때마다 극진한 대접을 해 주곤 합니다.

수애는 아버지가 평소에 "너거는 미애 누나의 공을 잊어서는 안 된다. 다리가 불편한 누나가 힘들게 번 돈으로 너거들이 공부하는 기라. 누나가 시집을 가든 못 가든 훗날에는 너거들이 꼭 보살펴 주어야 하느니라."라고 귀에 딱지가 앉도록 말씀하셨다고 했습니다. 혹여 제가 아버지를 미워하는 마음이 조금이라도 들까 봐 은근히 비추는 말이겠지요. 제가 무심결에 툭툭 내뱉는 말이 아버지를 오해하는 것으로 느껴졌던가 봅니다.

아버지, 사실 언니의 결혼식 날, 저는 참 많이 서러웠고 아버지를 무척 미워하기도 했습니다. 당시 직장생활을 하던 저는 언니 결혼식에 참석할 거라고 옷까지 한 벌 사 입고 집에 갔습니다. 그런데 아버지는 "미애 니는 집에 있거라." 하시곤 동생 진우만 데리고 갔었어요. 그럴 거면 제게 언니의 결혼 소식은 왜 알렸을까요. 총명한 아들은 항상 아버지의 자랑이고 장애가 있는 딸은 부끄러운 존재인가? 버림받은 기분에 솜이불을 뒤집어쓰고 종일 울었습니다. 절룩거리며 힘들여 번 돈을 다달이 집에 보내주면서도 받는 대접이 이것밖에 안 되나 생각하니 억울했습니다.

언니가 직장 친구들을 데리고 왔을 때도 유독 저만 옆집에서 자야 했던 일이며 때때로 저를 숨기려고 했던 지난날의 기억까지 떠올랐습니다. 집에서 당당하지 못하니 스스로 자꾸 웅크리게 되고 낯선 곳에 가면 눈치부터 살피게 되었지요. 그냥 집을 뛰쳐나오고 싶은 마음이 강하게 들었지만, 그럴 용기마저 없어 울기만 하다가 부모님이 돌아오는 소리를 듣고 얼른 눈물을 훔쳤지요.

아버지에 대한 제 마음이 활짝 열리지 못한 까닭이 바로 여기에 있을 겁니다. 동생들의 말을 들으며 제가 미처 깨닫지 못한 아버지의 사랑이 무엇인지 곰곰이 생각해 보았습니다. 제가 처음 취직했을 때였습니다. 언제 집에 갈 거라고 편지를 보냈더니, 당일 아침 생각지도 않게 아버지가 저를 데리러 오셨습니다. 난생처음 집을 떠난 제가 혹여 길이라도 잃을까 하는 염려 때문이었겠지요. 그날 아버지는 버스 정류장 가는 길이며 어떤 버스를 어디서 타야 하는지 상세하게 가르쳐 주셨는데, 그것이 아버지의 사랑인 줄 미처 몰랐습니다.

종일 공장에서 일하는 딸이 언제 수박을 먹어보겠나 싶어 무겁게 들고 온 수박을 동료들과 맛있게 나누어 먹으면서도 그 달콤한 맛이 당신의 사랑이라는 것을 몰랐습니다. 중풍으로 수족이 성치 않으신데 어른 머리통보다 더 큰 수박을 들고 자갈밭 길을 20분이나 걸어와 기차를 타고, 다시 버스를 갈아타고 정류장에 내려서도 한참을 뒤뚱거리며 걸어왔을 아버지가 아닌지요.

그런데도 저를 감추기에만 급급했던 그 기억만으로 아버지의 사랑은 늘 수박껍질처럼 푸르딩딩하다고만 생각했습니다. 그 속에 농익은 붉은 참사랑은 미처 보지 못했지요. 그것이 저의 오해였다는 것을 깨닫는 지금, 장애인에 대한 편견이 심했던 당시의 사회적 분위기 속에서 아버지 또한 말할 수 없는 고뇌가 크셨겠지요. 이제야 그 마음을 어렴풋이 알 것 같습니다.

오월의 숲은 다시 저처럼 우거지고, 오월로 떠난 아버지는 가을의 쓸쓸함과 겨울의 황량함이 싫어 푸르른 계절에 가셨는지도 모르겠습니다. 그러고 보니 마당에 선 감나무잎이 떨어지는 것을 유독 싫어했던 아버지였습니다.

아버지, 초록의 비단이불 포근히 내리덮고 편히 쉬십시오. 더는 당신의 사랑을 의심하지 않겠습니다.

(2010. 5. 시안 주최 하늘에 닿는 사랑편지 공모전 대상)

글 벗 최성록 님께

　최성록 선생님, 여름이 다 가고 억새가 하얗게 피어나도록 연락 한번 드리지 못했네요. 종종 선생님이 근무하시는 신이문역을 지나오곤 하지만 너무 늦은 시간이라 잠깐 얼굴이라도 뵐까 하는 마음을 접곤 합니다. 요즘 저의 외출이 주로 수업과 관련되어 있어서 끝나고 학우들과 뒤풀이하다 보면 늦게 돌아올 때가 많거든요.

　며칠 전 오랜만에 목우회 카페에 들어가 보았습니다. 조항숙 선생님의 등단 소식과 야외수업 사진이 올라와 있더군요. '아리조나파크'라는 선인장 온실에서 찍은 단체 사진에서는 여전히 따스한 정이 흘러넘쳤습니다.

　선생님을 처음 알게 된 것은 시인이자 수필가인 어느 철도 기관사가 운영하는 문학 카페였습니다. 선생님은 그 작가님이 심사한 철도문화공모전에서 수필로 금상을 받고 카페에 가입하셨지요. 그러곤 제가 선생님의 근무지인 청량리역 옆 롯데백화점 문화센터에서 정목일 선생님께 수필 창작을 배우는 것을 알고 등록하셨지요. 그때부터 선생님은 저의 짝꿍이 되어 매주 만나게 되었습니다.

훤한 인물에 성품이 곧고 예의도 바른 선생님은 뛰어난 국어 실력까지 갖추고 있었지요. 선생님은 문법도 제대로 모르는 저의 서툰 글을 늘 꼼꼼히 봐주었습니다. 잘못된 문장에 밑줄을 긋고 '여기는 청유형으로 썼으면 좋겠습니다.' '이 문장은 비문이니 이렇게 고쳤으면 좋겠습니다.'라는 의견에 예시문까지 제시해 주셨지요.

그렇게 삼 년 넘게 같이 공부했는데 제가 직장 때문에 수필 교실에 못 간 지가 벌써 3년이네요. 가끔 따로 만나 차를 마시던 것도 제가 방송대 학생이 된 이후로는 뜸해지고 말았습니다. 과제물과 출석 수업, 기말고사가 줄줄이 이어지니 자꾸 바쁘다는 핑계만 대고 있네요.

출석 수업 중, 강사님이 하신 말씀이 참 공감이 갔습니다. 사람은 지식이 쌓일수록 배타적으로 변해간다는 것이었지요. 왜냐하면, 내가 안다고 해서 상대방의 것을 받아들이려 하지 않는다는 것입니다. 정말 그럴 수 있겠다는 생각이 들었습니다. 저는 그동안 비교적 남의 말을 잘 수용하는 편이었습니다. 수필을 배울 때도 문우들의 합평이 다소 혹독하더라도 제가 모르는 것을 가르쳐 주는 것이라 여겨 항상 고맙게 받아들였습니다.

그런데 강사님의 말씀을 들으며 저도 아는 것이 많아지면 자만에 빠질까, 하는 두려움이 생겼습니다. 순간 선생님이 떠올랐습니다. 선생님은 국어 실력이 뛰어나고 지식도 많은데 항상 겸손하고 오히려 부족한 저를 추켜세워주셨지요. 글 평을 해 주실 때도 전문용어보다는 알아듣기 쉬운 말로 저의 마음이 다치지 않게 배려해 주셨습니다. 제가 국어학을 배우다 보니 쉬운 말로 풀어서 설명하기가 더 어렵다는 것을 알 것 같았습니다. 아무것도 모르는 제게 문법적 설명을 안 할 수도 없고 얼마나 답답했을까요. 저도 늘 선생님처럼 겸손한 마음을 잃지 않도록 노력하겠습니다.

저는 때때로 선생님처럼 반듯한 문우가 곁에 있어서 얼마나 좋은가 생각합니다. 수필을 지도하시는 선생님과 모든 문우가 활동하는 카페에서 저를 스스럼없이 '예쁜 짝꿍님'이라고 불러 주셔도 오해하거나 외설스럽게 여기지 않은 것은 선생님의 그 반듯한 성품 때문일 겁니다.

애칭을 '아름다운 율법'으로 정하신 것도 법이 정직하길 바라고 그 정직함이 아름답게 승화되기를 바라는 마음이 아닐까 싶습니다. 역무원을 하면서 종종 길 잃은 아이나 어르신께 차비를 쥐여주며 안전하게 귀가할 수 있도록 남모르게 도와주니 선생님은 진정한 아름다운 율법을 행하고 계신 것 같습니다.

최성록 선생님, 과제물과 출석 시험이 끝나면 연락 한번 드리겠습니다. 그때 만나서 못다 한 이야기 나누도록 하지요. 안녕히 계십시오.

(2013. 9.)

김만년 작가님께

　김만년 작가님, 여기는 우리 아파트 후문과 이어진 봉화산입니다. 오늘은 이곳에서 종일 놀아볼 심산으로 책 한 권을 챙겨 올라왔습니다. 지난주 작가님 농장에서 따온 참외와 토마토로 간식도 준비했습니다.

　제가 이곳에 터를 잡고 산 지가 27년인데 봉화산의 속살을 제대로 구경하게 된 것은 얼마 전부터입니다. 높이가 160미터로 그리 높지 않은 산이건만 오르지 못하는 제게는 에베레스트산 봉우리 같기만 했지요. 그런데 2년 전, 휠체어나 유모차도 정상까지 오를 수 있는 경사로가 생겼습니다. 이름하여 '봉화산 동행길'입니다. 보통 '무장애길'로 칭하는 것에 비하면 이름이 참 정겹지요?

　산 중턱에는 '동행은 같은 방향으로 가는 것이 아니라 같은 마음으로 가는 것'이라는 글귀도 적혀 있습니다. 그래서인지 휠체어가 지나가면 사람들이 먼저 길을 비켜주고, 더러는 "이렇게 길을 만들어 놓으니까 참 좋지요?" 하며 같이 기뻐해 주기도 합니다.

숲에 들어서니 더위가 저만치 달아나네요. 매미가 자지러지게 소리치며 반기고 나뭇잎도 살랑살랑 손을 흔듭니다. 저는 산중턱의 제1 전망대에 자리를 잡았습니다. 벤치 앞에 장애인 전용 스쿠터를 세우고, 팔걸이 위에 책을 펼치니 저만의 숲속 도서관이 되었습니다. 아침을 걸렀더니 배가 출출하네요. 작가님의 땀방울이 밴 참외를 입에 넣습니다. 아삭아삭한 맛이 일품이네요.

작가님, 우리가 알고 지낸 것이 벌써 20년이네요. 라디오를 듣다가 전태일 문학상을 받았다는 어느 떡볶이 아줌마의 인터뷰를 통해 우연히 민들레역을 알게 되었지요. 수필 쓰는 사람들이 주로 활동하는 문학 카페라고 하더군요. 수필에 관심이 있던 저는 얼른 찾아서 들어갔지요. 철도기관사인 김만년 작가님이 운영하는 카페였습니다. 작가님은 척박한 땅에서도 꿋꿋이 뿌리내리는 민들레의 강한 생명력이 좋고 당신이 기관사라 카페 이름을 민들레역으로 지었다지요. 이름 덕분인지 어려운 환경에서도 문학을 꿈꾸는 사람이 많았어요. 농촌 출신의 장남으로 어머니를 일찍 여의고 홀아버지와 동생들을 보살핀 김만년 작가님도 한 떨기 민들레나 다름없었지요.

김만년 작가님의 수상 경력은 화려했습니다. 공무원문예대전과 근로자문화예술제에서 수필과 시로 각각 큰 상을 받고 'KBS 낭독의 발견' 및 여러 방송에도 출연하셨지요. 그 기운이 회원들에게 전해졌을까요. 근로자문화제나 여성시대 신춘편지쇼 등에서 큰 상을 받는 회원이 연이어 나와 우리는 KBS, MBC 공개홀도 심심찮게 드나들었지요.

어쭙잖은 제가 문학인들이 즐겨 찾는 인사동도 기웃거리게 되었지요. 여자만, 시천주, 풍년, 우리가 자주 가던 상호들이 떠오릅니다. 막걸릿잔을 기울이며 풀어놓는 작가님의 이야기는 여느 문학강연 못지않은 영감을 주었지요. 그 덕분에 저의 작품 '두 개의 지팡이'가 탄생했고 장애인문학상 공모전에서 최고의 상을 받기도 했습니다.

김만년 작가님, 우리가 인사동 골목을 누비고 다니던 때가 민들레역의 전성기가 아니었나 싶습니다. 화가, 도예가, 수필가, 시인, 아동문학가 등 장르를 불문한 회원들이 끈끈한 정을 이어 갔지요. 모임이 있는 날이면 거제도에서 직접 딴 미역과 굴을 들고 오시는 분이 계셨고 제천, 영월, 봉화에서도 한달음에 달려오는 분이 계셨지요. 평택에 있는 도예가의 공방에서는 온 가족이 모여 도자기 만드는 체험도 했습니다. 스마트폰 시대로 넘어오며 시끌벅적하던 카페는 조용해졌지만, 추억은 사진으로 고스

란히 남아 있고 끈끈한 정도 여전히 이어가고 있지요.

창작에 대한 열정으로 꾸준히 정진하던 작가님은 신춘문예 당선과 함께 여러 공모전에서 수상하시고 아르코문학창작기금 수혜자로 작품집도 출간했지요. 출판기념회는 작가님이 정년 퇴임 후 소일거리로 가꾸는 그 농장에서 열렸습니다. 그날 민들레역 회원들은 오랜만에 모여 뒷일을 도우며 즐겁게 보냈습니다. 역시 작가님의 문학 뿌리는 민들레역이라고 느꼈습니다.

『사랑의 거리 1.435미터』가 2쇄까지 찍으며 독자들의 마음을 사로잡고 있네요. 작가님의 수필집은 교본으로 삼을 만큼 작품이 훌륭하고 빼어난 문장력을 갖추고 있지요. 그래서 문학에 마음을 둔 후배나 여러 사람에게 두루 소개하고 있습니다.

어느덧 해가 서쪽에 걸렸네요. 이제 산에서 슬슬 내려가야겠습니다. 가을에는 막걸리와 삼겹살 몇 근 사서 고구마 캐러 가겠습니다. 그때쯤이면 작가님의 글 농장도 더욱 풍성하겠지요. 석양이 아름다운 농장에서 막걸릿잔을 기울이다 보면 불콰해진 얼굴마저 수확의 기쁨으로 익어갈 것 같습니다. 무더위에 건강 갈무리 잘하십시오. 선선한 가을에 뵙겠습니다.

(2023. 8.)

존경하는 정상규 선생님께

유난히 무더웠던 여름도 서서히 뒷걸음질을 치고 아파트 한쪽 마당에서 고추를 말리는 노파의 등 뒤로 가을볕이 익어가고 있습니다.

선생님, 건강은 좀 어떠신지요? 제가 바쁘다는 이유로 소식을 자주 전하지 못해 선생님이 매우 편찮으신 것도 뒤늦게 알았습니다. 어쩐지 전화를 드려도 받지 않고 문자에 답장도 없어 이상했습니다. 한참 후, 전화를 걸어온 선생님은 병원에 있었노라고, 사실 서울에서 치료받았는데 제게 연락을 못 하겠더라고 말씀하셨지요. 어디가 편찮은지 여쭈어도 그냥 조금 아프다고만 하셨습니다.

그러다가 또 통화가 되지 않는 일이 반복되고 아무래도 선생님의 병이 예사롭지 않은 듯했습니다. 어쩌면 선생님을 다시 못

뵐 수도 있겠다는 불길한 생각도 들었습니다. 어느 날, 어렵게 다시 통화가 되었을 때 곧 뵈러 가겠다고 하자 선생님은 "그래 올래? 보고 싶다."라며 반가워하셨지요. 그러나 막상 내려가겠 다고 연락드리면 멀리 여행을 가셨다거나, 그날은 시간이 없어 서 안 되겠다며 저를 피하는 듯했습니다.

지난 7월, 친정엄마 팔순 때도 고향에 내려가는 길에 찾아뵈 려 했더니 또 시간이 없다고 하셨지요. 뵐 수도 없고 연락도 안 되니 선생님의 병세가 몹시 궁금했습니다. 그래서 선생님이 활 동하시는 '청람수필'의 지도자인 곽흥렬 선생님께 선생님의 근 황을 묻는 쪽지를 보냈습니다.

신춘문예 당선자를 많이 배출하시는 곽흥렬 선생님은 2012 년 포항에서 한 번 뵌 적 있습니다. 그때 저는 저의 수필 지도자 인 정목일 선생님께서 제4회 흑구문학상을 받게 되어 축하 차 내려갔고, 곽흥렬 선생님은 젊은 작가상을 받게 되어 오셨습니 다. 공교롭게도 선생님의 지도자와 저의 지도자가 나란히 흑구 문학상을 받게 되어 참 묘한 인연이다 싶었습니다.

곽흥렬 선생님께 정상규 선생님의 제자라고 인사드렸더니 제 얘기를 들은 적 있다며 반가워하셨습니다. 그 자리에 선생님도 오셨더라면 더 흐뭇한 자리가 되었을 텐데, 하는 아쉬움이 들었 습니다. 초등학교 스승과 제자로 만난 선생님과 제가 나란히 수 필가가 된 것도 신기한데 그 지도자 선생님이 동시에 한 작가의 문학상을 받는 것도 참 드문 일이겠지요.

　곽흥렬 선생님에게서 답장이 왔습니다. 선생님이 교통사고로 머리를 다쳐 거동이 불편하시다고, 손이 떨려 수저를 들거나 컴퓨터 자판 두드리기도 어려워 작품도 못 쓰고 모임에도 통 안 오신다고 했습니다. 그제야 선생님이 저를 피하는 이유를 알 것 같았습니다. 가슴이 먹먹했습니다. 그 후 저는 선생님께 연락을 못 드리고 있습니다. 선생님은 성치 않은 저를 업고 수학여행도 갔는데 정작 저는 선생님께 아무것도 해 드릴 것이 없네요. 그 전에 자주 찾아뵙지 못한 것이 후회스럽습니다.

　제가 선생님을 처음 뵙게 된 것은 초등학교 5학년 때였습니다. 선생님은 장애가 있는 제게 특별한 사랑을 보여 주셨습니다. 저를 군 대항 독서경진대회의 참가자로 뽑아주신 것도 장애보다는 능력을 먼저 봐 주신 것이겠지요. 그때까지 저를 어떤 대회에 출전시킨 선생님은 없었습니다. 그것은 저의 자유롭지 못한 거동에 대한 부담일 수도 있을 텐데 선생님은 아랑곳하지 않으셨지요. 대회가 있던 날, 선생님은 버스 정류장까지 따라 나와 저를 안아 버스에 태워주셨지요.

　수학여행 때도 걱정하는 엄마를 설득해 제가 경주와 울산을 구경할 수 있도록 해 주셨습니다. 걷기 어려운 곳은 선생님이 업고 다니셨습니다. 그때 저는 선생님의 따뜻한 체온을 느끼며 우리 아버지였으면 참 좋겠다는 생각까지 했습니다.

전교생이 운동장에 모인 어느 조회 시간이었습니다. 저는 늘 그랬듯이 교실에 혼자 남아 있었지요. 그런데 선생님이 급히 오셔서 저를 데리고 나가 번쩍 안아 교단에 올려놓고는 제가 쓴 일기를 낭독하게도 했습니다. 저는 엉겁결에 읽기는 했지만, 문예 활동 시간도 아니고 조회 시간에 그런 발표를 한 학생이 한 명도 없었기에 무슨 일인가 의아했습니다. 아마도 선생님이 교장선생님께 말씀드려 특별한 시간을 마련해 주신 것 같았습니다. 그때 선생님은 제게 글쓰기 재능이 있다는 것을 발견하셨을까요?

졸업 후 27년 만에 만난 선생님은 농아 학교인 대구덕희학교 교감 선생님으로 근무하고 계셨습니다. 장애인 학교에서만 20년 넘게 근무하셨다니 저에 대한 사랑이 남달랐던 이유를 알 듯했습니다. 제가 선생님을 뵈러 간 날, 선생님은 저를 학교에 데려가 옛날 제자가 서울에서 찾아왔다고 동료 선생님께 자랑하셨습니다.

선생님은 대구의 여러 문학 단체에서 활동하며 제 이야기를 많이 하셨나 봅니다. 고령에 사는 문학 카페 회원이 어느 문학 모임에서 선생님을 만났는데, 서울에 글 잘 쓰는 제자가 있다고 어찌나 자랑하시던지 가만히 들어보니 바로 제 얘기더라는 겁니다. 그래서 본인도 저를 잘 안다며 반갑게 인사하고 선생님과 사진도 찍어서 카페에 올려주셨습니다.

선생님의 작품집 『등줄굴노래기의 노래』에는 저를 주제로 한

'아름다운 도전'이란 글도 실으셨지요. 글에는 우리 학교로 부임해서 저와 처음 만났을 때부터 삼십여 년 만에 다시 만나 느꼈던 감정, 스승과 제자가 나란히 글을 쓰게 되었다는 이야기가 그려져 있었어요. 어느 평론가는 그 글에 대해 스승과 제자의 인간관계가 아름답게 드러나 진한 감동을 준다며 이야기 수필의 본보기가 되는 글이라고 칭찬해 주셨더군요.

　선생님이 저를 이처럼 칭찬해 주시고 자랑스럽게 여기듯 저도 선생님을 항상 존경합니다. 그런데 선생님, 이제 뵙기가 정말 어려울까요? 선생님의 건강이 어서 회복되어서 다시 뵐 수 있기를 간절히 바랍니다. 선생님, 언제나 사랑하고 존경합니다.

(2015. 09.)

　* 2021년, 코로나가 한창 기승인 때에 선생님의 부고를 받고 가슴이 먹먹했습니다. 부디 좋은 곳에서 평안히 잠드시길 기도합니다.

두 개의 지팡이

서미애 수필집

발행일 2025년 10월 30일 초판 1쇄

지은이 서미애
펴낸이 정연순
펴낸곳 나무향
주 소 서울 광진구 자양로 28길 34, 드림스페이스 501호
전 화 02-457-2815, 010-2337-2815
메 일 namuhyang2815@hanmail.net
저작권자 ⓒ2025 서미애
출판등록 제2017-000052호

가격 15,000원
ISBN 97-11-89052-99-7

"이 도서는 서울문화재단 장애인예술인 창작지원사업에
선정되어 발간되었습니다."